Dauphin Mudanga

LE POUVOIR EN FORET EQUATORIALE

Dauphin Mudanga

LE POUVOIR EN FORET EQUATORIALE

ROMAN

Éditions Muse

Imprint

Cover image: www.ingimage.com

Publisher:
Éditions Muse
is a trademark of
Dodo Books Indian Ocean Ltd. and OmniScriptum S.R.L publishing group

120 High Road, East Finchley, London, N2 9ED, United Kingdom
Str. Armeneasca 28/1, office 1, Chisinau MD-2012, Republic of Moldova, Europe
Printed at: see last page
ISBN: 978-620-4-96271-9

LE POUVOIR EN FORET EQUATORIALE

ROMAN

DAUPHIN MUDANGA

Tigre se rappellera toujours, la parole de son ami Okapi : « si vous demeurez esclave à la soumission de la loi de division, la forêt équatoriale ne sera jamais éclairée, et la misère, sera un hymne préférable de tout le temps ».

Ce roman place au cœur de son histoire, la mode d'accession au pouvoir et la manière dont, les animaux gouvernèrent la forêt équatoriale.

Tigre, un jeune animal, étudiant, de cette forêt ; touché de la souffrance infligée par les animaux qui se succédèrent au pouvoir et lamentation de ses compatriotes, débuta sa carrière politique à l'âge de dix-sept ans. A son âge, ni puissance, ni relation extérieure pour renverser qui que ce soit au pouvoir ; évolua avec ses ambitions en tête. A cette époque, la magistrature suprême détenue par le grand buffle.

Il fallait attendre que le serpent boa limoge le grand buffle, pour lui confier la primature, le destitua après cinq ans. A cet effet, tigre décida d'appliquer tous les moyens possibles, entre autre ; l'occultisme, les contestations et les inventions technologiques, dans le souci de restaurer la démocratie et la bonne gouvernance en forêt équatoriale. Mais, pour y arriver...

Première partie

L'ORGANISATION INFORMELLE

Etre conscient et vivre consciemment est probablement l'ingrédient le plus important pour un changement substantiel ; au contraire, l'inconscience engendre l'esclavagisme.

Les animaux prônèrent l'indépendance, mais, ils ne comprirent jamais la crédibilité de ce mot. Tigre-leur disait : « La souveraineté n'est pas une chanson qu'un berceur chante à un bébé pour avoir du sommeil, et c'est tout ; non. Réveillez vos esprits qui dorment. Consultez vos dictionnaires ; la souveraineté est le droit absolu qu'a tout peuple indépendant, de régler ses propres affaires, sans en devoir aucun compte à quelque autre peuple que ce soit ».

Dans son organisation informelle, la forêt équatoriale se subdivisa en trois classes sociales : Les animaux rassasiés ; constituée des dirigeants et puissants de la forêt. Les animaux affamés : la population de la forêt. Ces deux classes précitées, étaient composées des bêtes originaires de la forêt équatoriale. Il s'ajouta la classe des animaux non-originaires ou étrangers. Ils jouèrent un rôle de la médiation entre les natifs. Ils profitèrent des verdures ou richesses qui se trouvèrent en abondance dans cette forêt. Leur groupe était constitué des renards ; conduits par leur chef, connu sous le pseudonyme, d'un renard ancien et les scorpions avec leur chef, qu'ils surnomma : autorité des scorpions.

Seul l'animal président de la forêt équatoriale était désigné : Excellence. Les ministres et d'autres autorités furent les honorables. Chaque fois, l'animal président de la forêt équatoriale, nomma un chef d'Eta major, sous le titre d'un animal en chef ou fourmi en chef. Les animaux chargés de la défense (militaire et policier), s'appelèrent fourmi ; quelles que soit leurs espèces.

Pour qu'un animal traverse de la classe affamée vers la classe rassasiée ; il se montra courtois et fraternel envers tous les animaux affamés, avec des bons discours :

« accordez-moi vos appuis, si je deviens président, ministre, mandateur public, député... ; je déplacerai l'Allemagne, la France et une partie de New York en forêt équatoriale ». S'attaqua farouchement aux animaux rassasiés et étrangers, il dénonça leur malhonnêteté et incompétence, croyant qu'une fois au pouvoir, décollera le développement de la forêt. Loin de là ; chaque nouveau promu chercha les voies et moyens, soigna avec ses parrains pour perdure dans ses fonctions. On dirait qu'il quitta la conscience à l'inconscience.

Ces pratiques transformèrent la richesse de la forêt équatoriale en substance toxique pour ses habitants...

Deuxième partie

LE REGNE DU SERPENT BOA

Le serpent boa fut l'animal en chef de tous les fourmis chargées de la défense. Dans ces rêves, ne cessa d'envier la présidence de la forêt équatoriale. Comme d'habitude, résida avec ses subalternes dans une fourmilière qui constitua leur camp. Résolut, un jour, d'exposer son idée à ses éléments de confiance, capables d'exécuter une mission suicide. « Nous sommes marginalisés par les animaux qui nous gouvernent ; au lieu de trouver des solutions aux problèmes qui émergent la forêt dans les misères, eux choisissent les querelles, le partage illicite de nos verdures. Nous devons nous venger contre ces bêtes. Sinon, la faim, nous malmènera jusqu'à l'avènement du seigneur Jésus christ ». Comme d'habitude ; les fourmis sont organisées et disciplinées de la forêt, c'est difficile à elles, d'en disconvenir à l'ordre, ou aux propos de leur chef. Elles étaient motivées, prêtes à entamer les actions pour renverser le gouvernement en place.

Il fallut arrêter les stratégies qui devraient leurs permettre à convertir cette projection en réalité. Organisa un débat, chacun contribua à la planification de cette opération. La majorité de fourmis proposa de recourir à leurs armes pour effrayer les animaux au pouvoir. Mais, la guêpe ; le commandant des opérations suicides, leur dit : « Si nous utilisons nos armes ; nous risquons de causer la mort de plusieurs animaux innocents. Notre objectif, est de rendre tous nos compatriotes heureux, en forêt équatoriale, abolir le système des rassasiés et des affamés. A mon humble avis, tuer ou capturer un à un pendant la nuit serait une bonne option ». Le serpent boa vécut une partie des animaux rassasiés, connut déjà quelque chose en matière de la diplomatie et de la coopération ; il douta de mettre en place les propos de la guêpe. « Cet acte me souillera aux yeux du monde. Même mon pouvoir n'aura aucun sens, quand je l'aurai. Je sais une chose, qu'aucun animal n'ignore entre nous ; les renards détiennent encore une autorité sur notre forêt, les associés dans ce projet, rassure à quatre-vingt-dix pourcent sa réussite. Ils savent jouer la main noire » « comment ça chef ! les bêtes qui ont plongé notre forêt dans les misères, traiter avec eux ; c'est un synonyme de la préparation de notre propre trahison ; répliqua la guêpe ». « Non ; ils ne sont ni de près, ni de loin, les responsables de notre souffrance. Ceci est dû à l'inconscience, l'incompétence, de nos dirigeants. Luttons, récupérons le pouvoir, vous verrez ce qu'est-ce gouverner. Je remettrai chaque chose à sa place, je rendrai à chaque animal ceux qui lui convient. J'interromprai à la longue toute relation avec les renards qui profitent de nos verdures, malgré leur assistance ». « Ah bon ! tu as de bonnes intentions qui nous amènera au-delà de la mer rouge. Mais, sois prudent avec les renards ; ce sont tels qui ont provoqué tous ces conflits entre les animaux rassasiés ». « Oui ; ne vous tracassez pas, je maitrise la situation ».

Au lendemain de cette réunion, le serpent boa se rencontra avec les renards, et leur dit : « J'ai discuté avec tous mes animaux subalternes, ils sont convaincus de m'accompagner dans cette lutte. Ce qui me manque, c'est votre appui et protection. Mais, je ne veux pas aussi qu'il ait beaucoup du sang à cause de mon pouvoir ». « Oui ; Tu es un animal intelligent, tu le mérite. Mais, tant que ce grand buffle existerait ; tu n'auras pas le pouvoir dont, tu as besoin. Il faut l'éliminer ». Ils le trouvèrent sage parmi tous les autres, sa présence dans la forêt équatoriale les épeura. Ce fut quand même un animal, malgré son appartenance à la classe des animaux rassasiés, mais, il eut le soucie de tous les animaux. Sa vigilance empêcha les renards de puiser les verdures enviées en forêt équatoriale. Il ne fut pas, un bon allié pour eux. Raison pour laquelle, ils imposèrent au serpent boa, sa tête comme un prix, avant de lui faciliter l'accès au pouvoir.

Comme d'habitude, il faut employer tout moyen que le pouvoir exige pour en avoir. Sinon, tous tes efforts fournis pour y accéder seront en vain. Le serpent boa raisonna toute la nuit. Comment arrêter et tuer le grand buffle, celui qui fut son chef direct. Celui qui l'avait nommé à la tête de tous les fourmis et serpents de la forêt équatoriale. Il rassembla encore les fourmis, et leur raconta la condition imposée par les renards. Le guêpe prend la parole, et lui dit : « chef ! le grand buffle est notre Excellence, il t'a confié la fonction que tu occupes aujourd'hui, il est le seul animal rassasié qui rende un bon service en forêt équatoriale, il est même prêt à établir l'éclairage dans notre forêt. Donc, trahir telle bête ; c'est accepter la misère et l'obscurité de la forêt équatoriale. Le grand buffle subsiste notre point de repère, sur le plan sagesse ». « Guêpe ; tu commences à taper sur mes nerfs. Pour toi, nous sommes tous, les animaux sans sagesse, sans intelligence, nous ne pouvons pas amener la lumière et le bonheur dans cette forêt ». « Je reste soumis à vos ordres, chef ; répondu guêpe ». « C'est bon ; remettons-nous au travail, la discrétion surtout ; leur ordonna serpent boa ».

Le grand buffle qui avait aussi ses services de renseignement et quelques fourmis qui furent mécontents de perdre un sage de la forêt ; les dévoilèrent le complot du serpent boa et les renards. Il informa sa bufflonne de la situation. « Ma chérie, nous sommes en danger » « de quoi », « il me faut quitter la forêt équatoriale pour me retrouver un abri ailleurs » « soit claire » « les renards ont confié au serpent boa la mission de m'éliminer ». « Ah bon ! tu acceptes aussi de quitter si belle forêt pour ça. Chéri ; écoute-moi, ce sont des simples rumeurs ; je doute encore d'un animal qui se portera garant de ta mort, dans notre forêt ». « Ma chérie ; le serpent boa est un animal sans cœur, comme ils me considèrent d'un obstacle à leur manœuvre ; il est capable de me tuer pour récupérer le pouvoir. La vie est plus que l'honneur ». « Chéri, ce que je regrette c'est quoi ; tu as passé des moments difficiles pour avoir ce pouvoir ; les prisons, les fouets, les tortures de toutes sortes, tu veux l'abandonner à cause des murmures, soi-disant complot des renards et serpent boa. Tant que toutes les autres bêtes sont derrière toi, rien de pire ne t'arrivera ». « Oui ; ma chérie, je te comprends ; mais, devant les venins du serpent boa, ses coups de tête ; aucun animal ne résistera pour me sauver. Donc, il est nécessaire pour moi d'être d'abord à l'abri de sa vue ». « Dans ce cas, tu partiras seul, moi et mes petits, nous restons en forêt équatoriale ». La femme de grand buffle pensait aux vraies verdures de la forêt, préférables à tous les animaux du monde. C'est pourquoi, elle invoqua toutes ses capacités féminines pour convaincre le grand buffle à renoncer à sa décision, sans tenir compte de la conséquence.

Quand le grand buffle tâtonnait encore à sa résidence, le serpent boa était déjà prêt à cliquer sur le bouton d'action avec ses acolytes. Un bon matin, une des fourmis rouges lui apporta l'information, et lui dit : « Mon chef ; si tu traines chez toi jusqu'aux après-midi, ça sera peut-être ton dernier jour de vivre aujourd'hui. Toute disposition est en place, pour te capturer, dès ce soir ». Le grand buffle retourna encore vers sa bufflonne, et lui dit : « Ma chérie ; cette forêt ne nous aime plus. Quelle que soit la fidélité des animaux envers moi ; rien ne marche, le serpent boa tient toujours à sa décision. Prépare-toi, on quitte tout de suite ». « Mais, chéri ; nous avions déjà discuté sur ce problème, je ne me déplacerai jamais avec mes enfants, tu peux partir, nous avons des téléphones ». Il n'eut plus de champ à fouetter que de sauver sa vie. Apprêta son sac, au temps de dire au revoir à sa bufflonne et ses bufflons ; tout le monde pleura. Malgré l'émotion ; il prit courage, et lui dit : « garde mieux les petits, que Dieu vous protège ». Accompagné par l'antilope qui fut son secrétaire particulier.

Au moment où ils quittèrent leur demeure ; le serpent boa dépêcha son équipe de fourmis pour l'arrêter. En forêt équatoriale ; vous pouvez prendre une voiture, à cent ou deux cent mètres, elle vous pose le problème de carburant. Surtout à ce temps que les conflits triplèrent la vitesse, tout fut compliqué. A cette difficulté, le grand buffle et l'antilope préfèrent d'aller à pied. « Nous devons courir pour traverser avant que l'équipe de serpent boa arrive ». « Mon chef ! pourquoi vous avez choisi le chemin qui suscite tant d'obstacles ; entre autre les rivières, les chantiers qui ne permettent même pas à un vélo d'y passer. Et si devant la rivière nous manquons la pirogue, que serions-nous ? ». « Ecoute antilope ; j'empreinte ce chantier ; le serpent boa n'en tiendra pas compte, il enverra ses fourmis partout, mais pas de ce côté ». « A vos ordres chef » « Oui ; dépêchons-nous ». Ils arrivèrent au bord de la rivière, gloire à Dieu ; ils trouvèrent le crocodile avec sa pirogue. Ce dernier regretta d'avoir un grand chef à pied, avec son secrétaire particulier. « Mon chef ; qu'est-ce qui vous arrive, jusqu'à se trouver ici dans les boues ». « Crocodile ; nous n'avons pas le temps de discuter, notre souci est de traverser. Du reste, nous allons en parler de l'autre côté ». « Mais, à qui vous laissez notre forêt ; nous risquons de retomber encore en esclavagisme des renards ». « Oui ; c'est le vouloir des renards et leur marionnette qui veulent m'engloutir ». Le crocodile accéléra la vitesse pour atteindre l'autre bord, faute de la rivière large, cela prit du temps.

La bufflonne, qui jura de rester en forêt équatoriale, entendue les bruits de l'équipe de serpent boa à zéro mètre de sa résidence, elle prit ses petits bufflons et commença la course dans la même direction qu'avait pris le grand buffle. La fourmi chef d'équipe, aperçu la bufflonne sur la colline et dit aux autres : « voici sa femme en train de partir, suivons-les ». « Mais, nous, nous avons besoin de grand buffle, à quoi nous sert sa bufflonne ». « Ne faut pas être idiot jusqu'à ce point ; tu ne sais pas que la direction de la bufflonne peut être la même que celle de son mari ». Comme d'habitude, il n'existe pas la réplique des ordres entre les fourmis ; ils suivirent la bufflonne, selon l'ordres de leur chef d'équipe. La bufflonne regarda derrière, les fourmis à sa poursuite. Elle accéléra jusqu'au bord de la rivière. Là, le grand buffle et les autres furent déjà à dix mètre pour atteindre l'autre rive. Le grand buffle entendit la voix de sa bufflonne ; « Au secours ! au secours ! ne me laisse pas ; on va me tuer par le serpent boa ». « Ah bon ! c'est la voix de ma femme. Nous devons retourner pour l'embarquer, sinon le serpent boa va la tuer. « Non chef ; nous ne pouvons plus retourner là-bas. L'équipe de serpent boa risque de nous trouver et nous acheminer devant lui ; répondit l'antilope » le grand buffle s'imposa, exigea au crocodile de tourner la pirogue. « Mais, chef ; nous avons encore besoin de vous dans cette forêt, vous risquez la mort de l'autre côté ; vous pouvez débarquer à ce côté et moi je vais prendre ta femme ». Au moment où ils discutèrent encore pour le retour, l'équipe de serpent boa arriva au bord de la rivière et trouva la bufflonne avec ses petits bufflons. « Voilà chef ; ils sont là ; une fois de l'autre rive, nous serons arrêtés, tous ». « Antilope ; je suis autorité dans cette forêt jusqu'à la preuve du contraire. Les fourmis vont me comprendre ». « Pardon chef ; les fourmis ne sont pas les animaux de confiance. Ils obéissent à un seul ordre ». « Oui ; chef ; Comme ils sont envoyés par le serpent boa, il a choisi ses animaux de son obédience. Ce que dit l'antilope est vrai, si on arrive à où ils sont ; nous n'allons plus retourner, je risque d'être mêlé dans vos conflits et perdre ma vie ». Le grand buffle toujours catégorique. Comme d'habitude ; la raison du plus fort est toujours la meilleur ; le crocodile retourna la pirogue jusqu'où était les fourmis et la bufflonne. Le grand buffle leur posa la question : « que voulez-vous ? » « Chef ! l'animal en chef nous a envoyé pour vous arrêter et vous acheminer en prison ». « Ah bon ! vous avez aujourd'hui un autre chef plus que moi ». « Veuillez nous excuser chef ; nous savons tous ta dignité, tu es le seul animal conscient que l'incarnation de la lumière de notre forêt réside. Mais si nous rentrons sans toi, le serpent boa nous engloutira tous ». « C'est vrai chef ; entre vous les animaux autoritaires, vous allez vous entendre ». « Laissez-moi partir, je sais le cœur du serpent boa, il est trompé par les renards, il ne me lâchera jamais en vie, sinon, mon sang sera sur vous ». « Pas du tout chef ; nous sommes contre ta mort, aucun problème de ce genre ne t'arrivera ». L'antilope lui dit : « tu as confirmé ce que je t'ai parlé de l'autre côté, il n'y a pas autre moyen que d'arriver devant le serpent boa ». « Ah ! J'ai commis l'erreur ; notre histoire va mal finir, on se croyait maitre de notre destin, alors que derrière nous, les ennemis autrement puissants menaient le jeu ». La bufflonne coula larmes, son mari s'offrit à la merci des fourmis, comme le seigneur Jésus se sacrifia au temps du Rois César. Le crocodile étant le maitre de la rivière, se jeta dans l'eau et s'enfouit. Les fourmis accompagnèrent l'antilope et son chef jusqu'à l'endroit indiqué par le serpent boa. Le grand buffle et l'antilope se trouvèrent en prison le même jour.

Le serpent boa content de l'arrestation de grand buffle, respira le pouvoir. Mais, ce ne fut pas encore le cas. Les renards disposèrent les moyens de médias pour lui. Il passa à la radio et déclara : « Ecoutez-moi tous ; ici c'est le serpent boa l'animal en chef des fourmis ; J'ai décidé de neutraliser le grand buffle de la forêt équatoriale jusqu'au nouvel ordre. Il faut se rendre compte, qu'il ne s'agit pas, d'usurpation de pouvoir, par les fourmis. Mais, tout simplement une révolution pacifique. Les fourmis vont aider la forêt équatoriale à résoudre les différents problèmes qui deviennent de plus en plus chroniques. Vive la forêt équatoriale ! Vive tous les fourmis de la forêt ! ». Un animal journaliste lui posa une question : « Chef ; croyez-vous à la réconciliation des animaux rassasiés de votre forêt ? ». « Oui ; mais, s'ils trainent les fourmis vont s'imposer ». Un premier pas de serpent boa vers la gouvernance de la forêt équatoriale. Tous les autres animaux rassasiés se jugèrent à l'état de faiblesse, personne ne pouvait revendiquer, le serpent boa avait gagné la confiance des fourmis et des renards.

Un des renards chargés de communication rendit visite au grand buffle, en prison ; lui posa une question : « Quel jeu, joue le serpent, et pourtant qu'il a été ton animal de confiance ? ». « Oui ; le serpent boa était mon secrétaire, nous nous sommes déplacés beaucoup avec lui. Au moment où j'ai pris la direction de notre forêt, je lui ai confié un poste important ; directeur général du cabinet présidentiel. Je ne comprends pas ce qui lui arrive, il a aussi sa conscience. Et tout le complot contre moi, est interprété par les animaux de la forêt équatorial comme une campagne pour renverser le pouvoir en place ».

Un bon matin, les quatre pattes de grand buffle et son secrétaire antilope liées aux vus de tous les animaux présents. Avant de les achever ; la fourmi chef d'équipe autorisa au grand buffle de prononcer son dernier mot. « Oui ; je sais que vous aviez été trompé par les renards qui ne veulent plus ma présence sur cette terre des animaux ; je les empêche de voler nos verdures. Comme vous obéissez à leurs ordres, sachez que vous resterez toujours esclaves de ces bêtes. Tant que vous vivrez dans l'inconscience ; Notre forêt restera toujours dans l'obscurité et la faim continuera à ronger toute la population animale et notre richesse sera au profit de non originaires de la forêt équatoriale. Être conscient et vivre consciemment est probablement l'ingrédient le plus importent pour un changement substantiel ». « Antilope vous avez à dire ? ». « Non ; le grand buffle à tout dit ». La fourmi chef d'équipe reprit la parole et dit : « grand buffle ; c'est avec regret que j'ai reçu l'ordre de te tuer. Mais ; notre forêt a encore besoin de toi. Je suis incapable de faire le mieux possible pour sauver ta vie ; que ton âme repose en paix ». Tous les animaux pleurèrent en forêt équatoriale. Et les renards applaudirent pour avoir accomplie leur objectif. Là-dessus, la fourmi chef d'équipe donna l'ordre aux autres fourmis de piquer le grand buffle et l'antilope en plein air. Ainsi le grand buffle trouve la mort et laissa sa bufflonne et ses petits bufflons sans père.

Les renards trouvèrent une bonne raison pour le confier le fauteuil, sous couverture d'un coup d'état. La prise du pouvoir se passa sans effusion de sang en forêt équatoriale. L'arrivée du serpent boa à la présidence était d'abord perçue, tant à l'intérieur de la forêt équatoriale que dans certaines forêts étrangères favorable à lui, comme une occasion de stabiliser la situation en forêt équatoriale. Le serpent boa amenda le règlement intérieur de la forêt, promis d'abolir les classes des animaux rassasiés et les animaux affamés, concentre le pouvoir dans ces mains et celles des fourmis. Beaucoup de bêtes applaudirent le premier acte de serpent boa, surtout la fin de discrimination de classes. Ils attendaient voir toutes les paroles du serpent boa, mises en pratique pour vivre la joie, et profiter de leur verdure.

« Mon rêve est converti en réalité, aujourd'hui ; dit le serpent ». Le jour de ce serment, tous les animaux, rassemblaient au centre de la forêt équatoriale, attendaient un bon discours de leur nouvelle autorité ; celle qui changera la vie en forêt équatoriale. Il se plaça au podium, sa tête en haut, annonça le discours : « Moi ; le serpent boa, m'autoproclame, président des serpents et des fourmis ; je jure devant Dieu et devant tous les animaux de la forêt équatoriale, de respecter le règlement intérieur de la forêt. J'interdit toutes sortes de groupuscules, sans présence d'un serpent ou fourmi. Je décide ce jour, de créer un seul groupe : nommé : Union de Serpents Venins ; en sigle USV. Vous êtes tous, appelés à adhérer à ce groupe sans distinction ni murmure. Je vous promets, la formation du gouvernement dans quinze jours. Vive les serpents et les fourmis, vive les animaux de la forêt équatoriale ».

Quelle qu'en soit les acclamations, tous les animaux ne furent pas contents de ce discours. Le singe et son ami sanglier s'imaginèrent, et dirent : « le serpent boa veut instaurer la dictature dans la forêt, dès le début de son pouvoir. Mais, si ça commence ainsi ; notre forêt sera toujours plongée dans la galère ». Après une semaine, ils se décidèrent d'aller voir le serpent boa à sa résidence, discutèrent avant même la formation du gouvernement. « Excellence ; nous vous remercions d'abord pour avoir nous accordé l'audience. Nous avons beaucoup félicité votre discours ; mais, vous avez poussé le bouchon loin ». « Comment ça ». « Oui ; créez un groupe d'union des serpent venins, obligez tous les animaux d'y adhérer, c'est une dictature dès le début » « Moi, instauré la dictature ! ». « Oui ; tu crois que tout le monde est venin en forêt équatorial, nous avons peur d'être à côté de fourmis ou serpent, raison pour laquelle, nous marchons entre nous, pour éviter des problèmes ». « J'ai décidé de rassembler tous les animaux dans un groupe, notre forêt était trop déchirée par les conflits. Mais, je sais les singes et les sangliers vous êtes les animaux les plus discriminés dans cette forêt ». « Excellence ; réservez pour nous deux ministères ». « Mais, il faut allez tout droit au but ; gardez votre patience, attendons la formation du gouvernement. Je ne veux pas que tel ou tel animal ait peur d'un autre, mon souci est de voir tout le monde en harmonie ».

En court de route, le singe et le sanglier recommencèrent leur discussion. « Singe ; tu crois aussi à ces bavardages du serpent boa ». « Non ; pas du tout ; ils sont toujours comme ça, avec les bons discours au début, mais rien de spécial ne se produira dans cette forêt, notre lutte continue ». « Oui ; mais, attendons la formation du gouvernement peut être, nous serons aussi promus ». « Non singe ; loin de là, le serpent boa donnera les fonctions aux animaux qui sont forts plus que nous pour garantir son pouvoir ». « Mais moi singe, si je manque dans ce gouvernement-là, il saura pourquoi je dors dans les branches d'arbres ». « Oui ; espérons ». Le singe et son ami sanglier avaient besoin d'avoir aussi les meilleures fonctions, dans la forêt équatoriale pour protéger leurs tributs.

Une année finie sans gouvernement ; tigre et lion s'impatientèrent, décidèrent d'aller chez serpent boa. Le serpent les accorda aussi l'audience. Le tigre lui dit : « Excellence ; quinze jours rendu en trois cent soixante-cinq jours ; le gouvernement traine ».m « Oui tigre ; nous sommes en train d'étudier, qui peut faire quoi, afin de mettre chaque animal à la place qu'il faut ». « Et tu analyse avec qui cette étude ? » « Oui ; il y a l'équipe des serpent et fourmis qui m'assistent à la réalisation de ce travail ». « Ah bon ! qu'est-ce que les serpents et les fourmis connaissent en matière politique » quand tigre causa avec le serpent ; lion regarda le serpent boa, bien fâché, et lui posa une question : « Explique-moi ; comment tu as conquis le pouvoir toi l'animal timide de la forêt équatoriale »

Le serpent boa raconta l'histoire sa vie. « Oui lion ; je suis aujourd'hui président de tous les animaux de la forêt équatoriale y compris toi. Je suis fier que nous ayons la forêt si bonne, où il y a toute sorte de verdures. L'année prochaine si l'équipe en place, travaille mieux, nous serons parmi les forêt les plus heureuses du monde. C'est pour cela que, j'ai programmé de couper les champs tous les samedis sans distinction, commençant par votre Excellence que je suis. Pour moi, être le garant de la forêt, c'est quelque chose de nouveau. Avant j'étais toujours tout seul. Un jour maman m'a grondé : Serpent boa ; tu ne peux pas trainer partout, tout seul, toute la vie. Pense à ce que tu pourrais faire pour les autres. Je n'ai pas tout de suite compris ce qu'elle voulait dire. Puis un certain vendredi après-midi, je regardais les fourmis qui passaient chantaient, dansaient ; l'idée m'est venue d'intégrer le service de fourmis. Dans mon quartier, quand on a entendu parler de mon projet, on disait : Comment est-ce, le serpent boa serait capable de convenir le service de fourmis ? il est trop timide et sans pattes. Ces commentaires m'ont rendu plus motivé. J'ai parlé avec la fourmis chef d'équipe, il a accepté. A la fin de formation, ils m'ont confié la responsabilité d'être chef de cinquante fourmis. Je me suis vu toute autre anima maintenant, les autres viennent me demander des conseils comment y parvenir. Peut-être c'est la deuxième guerre mondiale qui m'a rendu timide. Maman et moi dormions sous les écorces d'arbres et dans les termitières abandonnées. J'ai vu des horribles et j'ai eu très peur.

Je suis encore triste, quand j'imagine comment on s'est fit du mal, les uns les autres dans cette forêt. C'est pour cela, rassemblez les animaux dans un groupe est important, au lieu de se battre et de s'entretuer ». « Assez compris ; on peut attendre encore combien de temps pour la publication du gouvernement, nous sommes fatigués de vos discours sans action. Quand tu étais affamé, tu disais avec action au même moment, au pouvoir » « Oui lion ; aujourd'hui nous sommes Lundi ; samedi soir, je vous promets la publication du gouvernement de la forêt équatoriale ». « Ok ; nous tenons à ça ». Là-dessus tigre et lion retournèrent chacun chez lui en attente de promulgation de l'ordonnance loi nommant les nouveaux membres du gouvernement de la forêt équatoriale.

Publication du gouvernement

Le samedi soir comme prévu par le serpent boa, il publia les noms de nouveaux promus. Le singe, le sanglier, lion leurs noms ne figurent pas à la liste de nouveaux ministres. Mais, le tigre fut nommé comme chef du gouvernement de la forêt équatoriale. Léon baissa la tête devant sa télévisons, regretta ! intercepta toute relation avec tigre, lui traita d'un traitre.

Le singe et son ami sanglier profitèrent de leur majorité en forêt équatoriale, soulevèrent leurs masses, renoncèrent le début de la dictature. Ils se décidèrent, rédigèrent une note au serpent boa ; lui informèrent de la marche pacifique contre sa nomination discriminable de nouveaux membres du gouvernement. Le serpent boa instruisit tigre d'interdire cette marche. Ce dernier répliqua la note aux singe et sanglier interdit tout mouvement de masse. « Notre forêt est démocratique, le règlement intérieur stipule d'informer, pas demander l'autorisation ; déclara singe » Ils continuèrent à sensibiliser les animaux de leur camp pour barrer la route à la dictature en gestation.

La femme du singe triste, aborda la discussion avec son marie. « Mon chéri ; je ne veux pas te perdre, le combat avec le serpent boa, c'est grave » « un animal dépourvu de bras, instaure sa volonté dans la forêt, non » « bien sûr ; mais, capable de grimper toute sorte d'arbres, vit très bien dans l'eau comme un poison, résiste encore dans n'importe quel trou. Tu te cacheras où, s'il veut te poursuivre » « pour quoi tu insistes, tu es devenu l'adepte du serpent » « non chéri ; sa force est supérieur, appuyer par tigre, renards. Alors toi ; l'ami du sanglier, abandonne ce chemin » « que ça soit ta dernière fois avec tes discours pourris » « je voudrai... » « tais-toi, impolie, tu es conseillère depuis quand ». Après cette échange, singe raisonna toute la nuit : « Cette femme peut avoir raison ; est-ce ; nous y arriverons ; sur le plan diplomatie, rien ne marche ; il est puissant ; mais, il faut toujours oser ». Il porta le compte rendu de leur discussion à son ami. « Mon cher ; les femmes sont souvent les peureuses. Si tu veux réussir dans la vie, ne faut jamais diviser ton secret avec ta femme. D'ailleurs ; nous avons beaucoup d'animaux mécontents de cette nomination. Tu verras, notre manifestation, combien participera. Oublie ses conseils. Continuons notre lutte ; répondit Sanglier ».

Après un mois, le service de renseignement informa le serpent boa, de la détermination, du singe et sanglier. Ordonna à son premier ministre de signer un arrêté, interdisant toute sorte de mouvement de masse, attroupement au-delà de dix animaux. « Tout ceci, à cause de toi et ton ami, vous ne voulez pas comprendre, renonces à cette activité, tu n'as aucun appui. J'ai peur que tu me laisse seule avec tous ces enfants ; dit la femme de singe » « Appui ou pas ; notre forêt est souveraine, je ne peux plus me revendre chez les renards ; répondit Singe ».

La manifestation contre le pouvoir de serpent boa ; singe et son ami sanglier organisèrent une marche, rassembla toutes les animaux de leur obédience ; tout le monde, banderole rouge à la tête, chantaient, dansaient, disaient : « non ; aux nominations discriminatoires dans notre forêt ». Le serpent boa ; ordonna la fourmi en chef, de dépêcher les fourmis, les serpents venins, partout les points chauds du centre de la forêt équatoriale. « Arrête-moi, ces deux animaux, en cas de persistance » « A vos ordres Excellence ». La fourmi en chef ; déploya ses éléments, dispersa les animaux manifestants. La marche avorta.

Au lieu d'abandonner, le singe et son ami sanglier se rendirent à la résidence du serpent boa pour l'audience. Il se disposa de les écouter, et leur demanda : « Les grands animaux ; vous voulez quoi » « Oui ; nous voulons la liberté d'expression, notre forêt est démocratique » « la liberté d'expression oui, le soulèvement des animaux non » « si tu ne veux pas les bruit politique contre ton pouvoir, exauce la volonté des animaux ». « Mais, à ma connaissance, les animaux mangent, boivent, dorment, sans une oreille à l'intérieur » « Non ; serpent boa, tu as confié tous les postes clés à te semblable, tu t'attends à quelque réalisation spéciale dans cette forêt » « laissez-nous d'abord travailler, on ne juge pas le gouvernement dans un mois » « Non ; nous ne pouvons pas tolérer la dictature dans... » « taisez-vous ; vos petits resteront orphelins dans cette forêt. Vous prouvez vider le lieu maintenant ». Le singe et le sanglier sortirent sans ajouter un mot.

Le singe et le sanglier préparent l'assassinat de serpent boa

« Mon cher en forêt équatoriale, l'assassinat est le vrai chemin à suivre pour atteindre le pouvoir au plus vite possible. Comme cet animal ne veux pas appliquer la démocratique, il faut l'éliminer, sinon ; d'ici cinq ans, nous serons ses esclaves dans cette forêt » « Mais, la majorité d'animaux, même les renards sont fidèles à son règne, qui nous appuiera dans ce complot » « si je prends tous mes petits et toi tu amènes tous tes tiens, nous allons tuer cette bête-là ; proposa sanglier » « Non, ma femme n'acceptera jamais ; tu sais, elle est contre ces démarches ; En plus, le serpent boa est entouré de plusieurs fourmis et d'autres serpents venimeux, si nous agissons dans ce sens, nous nous exposerons à la mort ». « Alors ; qu'est-ce tu proposes ? » Oui, pour moi, c'était encore mieux d'aller voir les renards, ce sont tels qui l'ont facilité l'accès au pouvoir ». « Tu es sûr » « Oui ; l'essentiel est d'accepter leur vouloir » « Ok ; c'est une bonne idée, prenons le taxi ». Ils partirent, sollicitèrent l'assistance. « Nous sommes ici, pour demander votre appui, nous voulons effacer le serpent boa au pouvoir » « Non, non ; On ne peut pas juger un animal à peine la prise du pouvoir ! gardez vos bagages en patience » « Mais, comment, un animal, sans jambe ni bras, nous obligera à obtempérer à ses lois busards, notre forêt est pleine d'espèces intelligentes » « Malgré ses handicap ; il a été fort de chasser le grand buffle, vous devez respecter ses ordres » « Oublions ça ; facilitons-nous les choses, notre relation sera meilleure, le serpent boa, c'est un hypocrite ; il vous a ravi tous les postes, il les a confié à sa famille » « Oui ; courage, nous allons voir dans quelle manière nous pouvons vous aider, on se voit dans deux semaines » « Joyeux de vous rencontrer ». Au retour, sanglier dit à son ami : « Ne faut pas dévoiler ce trick à ta femme, elle se montre opposante à nos actions ».

Les renards apportèrent le serpent boa l'information, et leur dit : « Excellence ; tu dois tirer attention avec singe et son ami sanglier » « Comment ça ? » « Oui ; ces deux, préparent un coup d'Etat » « Ah bon ! c'est pour quoi, ils font des bruits depuis que je suis au pouvoir » « Oui Excellence ; Nous nous te proposons de les emprisonner pour les rééduquer » « Non ; comme ils ont voulu m'éliminer, il faut les tuer » « Excellence ; dès le début du pouvoir, si tu commences à tuer ; ce n'est pas bien, tu risques d'entraver ta carrière » « Ok ; laissez-moi d'abord réfléchir » « Oui ; mais, ne prend pas du temps, sinon ; le pire arrive ».

Le serpent boa appela sa fourmi en chef ; l'ordonna : « Ecoute ; je ne veux pas te rappeler que tu es mon animal de confiance, tu as une mission ultra secrète ; organise ton équipe, ramenez-moi le singe et son ami sanglier, tout de suite » « Excellence ; comme c'est un secret, je vais procéder dans quelle façon ? » « Comme ton père à procéder pour draguer ta mère ; il faut que je raisonne chaque fois à ta place ; alors tu m'aide à quoi » « A vos ordres » « Allez-y vite gagner du temps ». La fourmi en chef rassembla, à son tour, ses fourmis de confiance. Le singe et son ami sanglier sans le savoir ; ils attendaient la réponse des renards, pour passer à l'action.

La fourmi en chef demanda à son adjoint d'établir un bon plan, qui leur servira d'arrêter le singe et son ami sanglier, au même au moment. Et, ce dernier lui proposa d'espionner ces deux animaux en guise de les rassembler sur une même place où ils seront arrêtés sans bruits. « C'est une bonne idée, mais ; qui peut nous faire ce travail, dit la fourmi en chef » « Est-ce ; si nous les invitons de se rencontrer quelque part, ça ne peut pas aller » « Non ; mon cher ; ils risquent de soupçonner, surtout s'ils voient l'invitation des fourmis » « l'Excellence peut convoquer un festin, auquel, ils seront invités d'honneur, là nous allons profiter de les arrêter après la fêtes » « Non ; Excellence nous a confié la mission, si nous rentrons encore chez lui ; il risque de nous traiter d'un incompétence, nous tuer même, il est monté » « Tu as raison, d'ailleurs ; en forêt équatoriale, les animaux affamés, acceptent n'importe quelle offre, surtout la présence d'argent » « J'ai une idée ; utilisons le perroquet journaliste ; il invitera ces deux animaux à l'interview, au milieu caché. Au moment où ils seront en plein ambiance, il nous signera ; nous leur trouverons à l'endroit indiqué » « Ah bon ! est-ce le perroquet acceptera-t-il, ce genre de mission, lui qui dénonce chaque fois les dérapages des autorités dans cette forêt » « Mon cher ; c'est la faim qui fait tous cela, je ne crois pas qu'il peut refuser de l'argent » « Alors ; s'il refuse » « Là ; on le tue pour ne pas accuser le mouvement ». Les risques que court les journalistes en forêt équatoriale.

La fourmi en chef invita le perroquet, lui proposa la mission. « Perroquet ; oui chef » « Je t'ai appelé ici, pour rendre un service à son Excellence serpent boa ; le président de notre forêt » « O seigneur ; quelle bonne chance aujourd'hui » « Il y a soupçon que le singe et son ami sanglier organisent un coup d'Etat, qui submergera la forêt équatoriale dans le nouveau Chaos » « Sorcellerie ! » « L'Excellence ne veut pas les brutaliser, mais les amener dans le calme, vérifier s'ils sont mêlés à ce problème » « Oui chef ; je vous ai bien compris, mais, je suis journaliste, quelle magie que j'appliquerai pour les arrêter ? » « Ok ; une bonne question, tu proposeras ces deux animaux, l'interview politique à tes micros, à un milieu éloigné, ils seront contents d'être entendu partout au monde. Tu m'adresseras le lieu. L'heure préférée ; dix-huit heure à dix-neuf heure. Voilà ton argent : trente mille Euro. Le perroquet regarda l'argent, il réfléchit à la trahison de ses compatriotes, dans son cœur ; il se dit ; depuis que je commençai ce service ; je n'ai jamais touché le montant pareil. Que ferai-je ? « A quoi tu penses ? » « Non chef, je ; je ; je suis d'accord » « Ok ; prend ton argent met-toi au travail » « Rendez-vous au soir ». Le perroquet accepta de livrer le singe et son ami sanglier, à cause de l'argent. En forêt équatoriale ; chaque animal défendait l'autre, lorsqu'il était affamé, s'il est bien rassasié, il pense qu'à lui. Le perroquet a déjà réussi son argent, quant à lui d'appliquer toutes ses stratégies journalistiques, pour faciliter la fourmi en chef l'arrestation de ces animaux.

Le perroquet invita ces deux honorables animaux au point de presse, commença les questions ; « Honorable singe ; qu'en pensez-vous du pouvoir de serpent boa ? » « Oui ; tu n'es pas nouveau dans cette forêt, le serpent boa a pris le pouvoir par un coup d'Etat ; la forêt déchirée par les conflits des animaux rassasiés, nous avons supporté qu'il dirige la forêt équatoriale, Mais, il exagère déjà avec l'imposition de son vouloir, à titre d'exemple, mis en place d'un gouvernement, rempli de ses cousins et cousines. Et si nous laissons l'animal pareil à la gouvernance de notre forêt, il y a risque de nous rendre tous ses esclaves » « honorable sanglier ; tu attends quoi à son Excellence pour ce temps ? » « Oui mon ami ; ne l'appelle pas Excellence, par rapport à quoi il l'est. La réponse à ta question est claire ; ce que toutes les bêtes de la forêt équatoriale attendent de lui, c'est l'organisation des élections libres, transparentes dans un bref délai » « Honorable ; en forêt équatoriale, les animaux aiment trop parler des élections, mais cela ne porte même à rien » « Oui ; tu peux avoir raison, ce sont les votes qui s'organisent en faveur d'un animal, connu à l'avance ». De dix-neuf heure à vingt heure, la fourmi en chef et son équipe entoura la maison où ils étaient. « Au nom de la loi ; on vous arrête, déposez tous vos moyens de communication sur la table ; leur dit la fourmi » « Ah bon ! tu nous arrête pour quoi ? ». « Vous le saurez à résidence présidentielle » « Si c'est pour m'amener chez serpent boa ; moi singe, je ne quitterai pas ici ». « Encore un mot ; je te tire » « Honorable ; maitrise-toi, le président est notre père ; lui dit perroquet » « Non journaliste ; je ne suis pas un serpent, je préfère de mourir ». « Alors, vous méritez l'adressage ». La fourmi en chef, ordonna de lier tous les trois, jusque à la résidence.

Le serpent boa demanda la fourmi en chef de partir, s'enferma avec ces deux, dans sa chambre, et leur dit ; « Les honorables animaux, ainsi vous mon offensez ! » « Excellence ; à quoi nous t'avons importuné ». « Vous préparez un coup d'Etat » « Non, non ; Excellence, nous sommes prêts à dialoguer, pas un coup d'Etat ». « Ok ; comme votre coup à échouer, vous bénéficiez un cadeau, tout de suite » « Pardon ; Excellence... ». Un coup de tête ; singe chaos, il poursuivit le sanglier, coup de tête, par terre. Neutralisa tous les deux, sortit, et dit à fourmi en chef : « Tu diras à tous les membres du gouvernement ; l'autorité à voyager, revient dans deux semaines » « Excellence ; s'il y aura les documents à signer » « Tu envoies à ton village, et ton père contre signe, ignorante » « A vos ordres ; Excellence » Le serpent boa rentra dans sa chambre ; avala ces deux animaux. Quand le serpent boa engloutit une bête ; il perdure sur place, jusque à tel point que cela sera pourrie dans son estomac, il peut subsister un à deux mois au même endroit.

La femme de singe attendit son marie jusqu'à vingt-deux heure, essaya de lui rejoindre au téléphone ; soit éteint ! soit hors de périmètre cellulaire. « Mon mari, a l'unique ami dans cette forêt ; raisonna la femme de singe ». Partit, trouva la femme de sanglier en train de pleurer. « Qu'est-ce qui ne va pas ma copine ? » « Ma belle ; jusqu'alors, le sanglier n'est pas rentré à la maison, j'appelle son appareil, il décroche pas, depuis que j'ai commencé » « Jésus de Nazareth ! c'est le même français, chez-moi, il est sorti sans me dire même là où il partait ». « Ils étaient ici, à dix-huit heure, mon mari m'a prévenu qu'ils avaient rendez-vous avec le perroquet » « perroquet journaliste ? » « Oui ; ma belle » « Jésus de Nazareth ! ils partaient dans leurs affaires politiques là. J'ai interdit singe, de ne pas s'ingérer dans la politique, de cesser, se montrer l'opposant du serpent boa, dès le début de son pouvoir, il ne m'a pas compris ; maintenant, jusqu'à cette heure, téléphone fermé » « Ma belle ; il faut qu'on arrive à la résidence de perroquet, tout de suite » « A cette heure ; c'est suspect, au moins le matin ».

A quatre heure juste ; les deux femelles chez perroquet. « Sommes la femme de singe et de sanglier » « Oui mesdames ; qu'est-ce, je peux faire pour vous ? ». « Hier ; tu avais rendez-vous avec nos maris, jusqu'alors, ils ne sont pas rentrés chacun chez lui ! comment tu peux nous expliquer ce phénomène ». « Bien sûr mesdames ; nous étions ensemble à dix-neuf heure. Nous avions échangé quarante-cinq minutes, nous nous sommes dispersé, chacun à sa disposition. A part ça ; je ne sais pas, ce qui est arrivé, après notre séparation » « sois claire ; perroquet, comment tu peux fixer un rendez-vous à de grands animaux comme singe, sanglier, disparaissent juste après votre rencontre » « ce n'est pas ma premier fois de causer avec vos maris ». « Mais, sache bien que, nous déposer la plainte, dès aujourd'hui ». « Mesdames ; vous pouvez aller partout où vous voulez, je ne suis pas chargé de sécurité de singe et son ami sanglier ». Les deux femelles quittèrent chez le perroquet sans aucune solution ni trace de leurs maris.

Perroquet descendit chez fourmi en chef, lui trouva dans son véranda en train de jouer au jeu de dame ; elle cria : « Oh ! journaliste ; félicitation pour le travail accompli ». « Oui chef ; mais, chez-moi, ça ne va pas » « Comment ça » « Les femmes de singe et sanglier étaient à ma résidence, depuis quatre heure du matin. Elles réclament l'absence de leurs maris, se sont décidées de me porter plainte » « Ah bon ! comment ; elles te soupçonnent ». « Oui chef ; vous savez, chaque animal qui se respecte, avant de sortir chez lui, il doit indiquer sa femme où il va » « Ok ; ce n'est pas un problème, je vais parler à son Excellence. Va te vaguer dans tes services. Tu sais qu'en forêt équatoriale, la juste n'est pas libre, c'est l'affaire privée de la famille présidentielle » « Merci chef ; tes propos me rassurent ».

La fourmi en chef porta l'information, à la connaissance du serpent boa. « Mes respects Excellence, je demande conduite à tenir pour le perroquet journaliste ». « Il est malade ou quoi ». « Il est en danger, la famille de singe et sanglier, le soupçon d'être complice de la disparition de leurs maris ». « C'est une simple conjecture de croyances, ça va passer » « non ; elles sont prêtes à déposer la plainte contre lui ». « Ah bon ! tu me propose quoi, comme solution ». « Excellence ; vaut mieux consigner le président de la cour » « Idiote ; même toi l'animale que je considère sage, tu m'amenés les pourritures, tu veux que tout le monde sache que, c'est moi le problème » « Non Excellence ; veuillez m'excuser. T'excuser ; où est la place d'excuse dans cette affaire, tu diras au perroquet ceux-ci ; qu'il soit sans froid même devant les juges, pour tous ceux qu'on peut prononcer comme peine. A mon retour, je promulguerai une ordonnance qui portera sur la grâce présidentielle. Mais, s'il essaie de citer mon nom ou encore le tien ; qu'il change la forêt » « Oui chef » « Tu peux me foudre la paix maintenant ». « A vos ordres Excellence ».

La fourmi en chef appela le perroquet pour lui rendre compte de la volonté de l'autorité. Celui-ci se présenta à son domicile, de loin, elle cria : « Oh ! perroquet journaliste, un oiseau brave ». « Oui chef » « tu sais que l'autorité n'est pas dans la forêt, mais, nous avons causé avec lui pour ton cas. Il a dit de ne pas paniquer, quelle que soit la peine que tu copteras. A son retour, il saura comment décanter cette situation » « Mais chef ; où se trouve ces deux animaux-là » « Cela ne te concerne pas, occupe-toi de tes affaires, sache qu'ils sont vivant dans le cachot clandestin de l'agence de renseignement ; ils seront libérés, soit emprisonnés à la fin de l'enquête » « Je ne peux pas tolérer de souffrir, en prison, même s'il s'agit de passer un jour là-bas. D'ailleurs, le serpent boa est en voyage, je ne sais pas à quel jour, il sera de retour en forêt équatoriale, tout ce temps-là, je serai toujours en prison en train de l'attendre ;

non ; je ne suis pas un criminel pour mériter ce châtiment ». « Oui ; journaliste, abaisse ta voix, nous sommes amis ». « Chef ; cherche-moi, un autre moyen, que de me livrer en prison jusqu'à tel point que le président reviendra pour ma libération » « Ah bon ! tu veux une solution contraire ». « Oui chef » « Ok ; un instant ». Elle appela ses gardes et leur dit : « Prenez avec vous le perroquet journaliste, accordez-le, le répond éternel, il en a besoin ». « Non chef ; pardon, tu veux me tuer » « Oui ; comme tu refuses de souffrir en prison, tu peux maintenant t'en aller au-delà ; que ton âme repose en paix ». Ces gardes achevèrent le perroquet sans réplique, selon l'ordre de leur chef.

La fourmi en chef rapporta la nouvelle, chez serpent boa ; et lui dit : « Excellence » « Oui fourmi en chef, sois bref ». « Le perroquet journaliste s'est opposait à tous ceux que tu avais proposé. Pour donner du calme, je l'ai tué ». « Ah bon ! c'est une bonne idée mon ami. Je veux que tu raisonne ainsi. Où est-ce, vous avez jeté son cadavre ». « Nous l'avons mangé ». « Très bien ; maintenant, tu agis comme une fourmi en chef ». En forêt équatoriale quand tu meurs, les autres tes mangent, sauf les membres de ta famille. C'est de la fourberie totale.

Etant premier ministre à l'époque ; tigre, se tourmenta chaque jour, de la situation du serpent boa, demanda la fourmi en chef : « Mon cher ; depuis que tu nous as annoncé le voyage de son Excellence, jusqu'alors, j'appelle son téléphone, toujours fermé ». « Oui honorable ; hier, j'étais au téléphone avec le chef, d'ici une semaine, il sera en forêt équatoriale ». « En tout cas ; la présence de son Excellence, est nécessaire, voilà nous avons perdu trois animaux dans quelques jours à son absence ». « Oui ; ça aussi, l'enquête est à quel niveau ». « Mon cher ; Les deux familles, soupçonnaient le perroquet journaliste d'être à la base cette grave situation. Chose inattendue, avant que le parquet le convoque, il est disparu aussi ». « Est-ce, le perroquet n'a pas pris fuite, parce qu'il se rapproche de quelques évènements, sur la disparition de singe et son ami sanglier ? ». « Oui fourmi ; tu peux avoir raison. Comment sa disparition va se coïncider avec le mandat de la justice ! ». « Honorable ; mon intuition, ne me trompe pas, perroquet est mêlé dans ce problème » « Ok ; que la justice fasse d'abord son travail ».

Après un mois de concentration, le serpent boa sortit de sa chambre bien dégagé. Ordonna à sa fourmi en chef de signaler tigre, de son retour. Ce dernier se présenta, s'embrassa avec son chef. « Honorable ; comment les activités se sont déroulées à mon absence ». « Excellence ; je te souhaite d'abord le bon retour. Nous avons passé un moment triste, trois grandes bêtes, intellectuelles sont introuvables ». « Oui ; cette situation me préoccupe beaucoup, on va en parler dans la réunion. Voilà la mission que je t'ai prescrite ; tu dois convoquer tous les honorables, toute population animale de la forêt équatoriale et je les rendraient compte de mon voyage, ce samedi ». « Bien compris Excellence » « Ok ; laisse-moi, le temps de me reposer ». Fini avec tigre, le serpent boa s'adressa à sa fourmi en chef, et leur dit ; « voici les stratagèmes de meilleurs philosophes ; comme ça, aucune bête ne saura que nous sommes à la base de la disparition de ces trois animaux ». « Oui Excellence ; c'est très bien passé ». « Prépare-moi, un bon discours que je vais prononcer devant a population animale, samedi ». « A vos ordres Excellence ».

Discours de serpent boa

Samedi à quatorze heure, le serpent boa présent devant les honorables et la population animale ; débuta son discours. « Ce samedi seize septembre, j'aurai voulu, à cette occasion, et comme les années précédentes, évoquer dans la sécurité, les acquis de notre Révolution et les nouvelles étapes de notre longue marche, vers le développement. Mais les événements que nous venons de connaitre nous obligent à de longues et profondes réflexions. Pour commencer, je voudrais, tout de même, m'acquitter d'un agréable devoir : celui de remercier du fond de mon cœur, les animaux de toutes les forêts voisines, et du reste du monde, qui nous ont apporté un appui inconditionnel, tant sur le plan fourmi, verdure, que relationnel, pour surmonter la dure épreuve à laquelle la forêt équatoriale, vient d'être confronté. Je remercie aussi les animaux non originaires habitant notre forêt qui, par leur solidarité, ont participé à part entière à la réussite que nous connaissons aujourd'hui. Je remercie enfin la grande population animale de la forêt équatoriale qui, dans un élan spontané, m'a apporté un concours déterminant, notamment en mobilisant d'importantes ressources animale, matérielles et financières, pour venir à bout de l'insécurité dont notre forêt a été victime. J'auras voulu destiner ce message à la seule population animale de la forêt équatoriale, car mon adresse est essentiellement une adresse d'autocritique, c'est-à-dire ; laver en famille, le linge sale. Mais, toutes les forêts constituent une seule famille. Il n'est plus des problèmes intérieurs, qui n'aient des répercussions extérieures. Encore une fois le sang animal a coulé, à cause des visées expansionnistes de certaines puissances. Alors que la forêt équatoriale a besoin de toutes ses ressources animales et naturelles pour réaliser son programme de développement économique, on lui imposa une guerre inutile et ruineuse. Cette guerre m'amène précisément à vous parler des problèmes de notre forêt. Je les analyserai objectivement, sans complaisance. En effet, à la lumière de tout ce que nous venons de vivre, il nous faut tirer des leçons qui s'imposent, afin de pouvoir réorganiser notre action à partir de bases nouvelles. Et cette action doit toucher tous les organes de la vie forestière. Maintenant, je vous annonce des réformes que j'entends réaliser dans tous ces secteurs de la vie en forêt équatoriale :

- L'Union de Serpents Venins en sigle (USV) reste le seul parti en forêt équatoriale, auquel tous les animaux doivent à appartenir pour garantir l'unité de notre forêt.
- Tous les renards qui dirigent encore de gauche à droite les entreprises publiques de la forêt équatoriale, doivent se préparer à la remise et reprise avec les animaux originaires de la forêt qui seront nommés incessamment ». « Enfin, nous récupérons notre liberté, notre forêt sera éclairée et la faim ne sera plus une chanson journalière ; crièrent les animaux avec joie ». Tout le monde, oublia la disparition de singe et ses amis. Maintenant-là, ce fut la bousculade des animaux originaires entre eux pour les nominations des mandataires dans les entreprises publiques. Un animal, en forêt équatoriale, défend l'intérêt général lorsqu'il est affamé.

Huis clos, entre serpent et son premier ministre tigre, avant la nomination des administrateurs et des directeurs généraux des entreprises publiques. « Excellence ; c'est mieux de tenir compte de la géopolitique dans cette opération ; proposa tigre » « A quoi sert ». « Pour ne pas retomber dans les mêmes désordres que la sortie du gouvernement ». « Géopolitique ou désordres, aucun propos ne m'engage ; choisisse-moi les animaux qui seront assujettis à mes ordres ; un point clé » « Oui Excellence ; est-ce lion apparaitra dans cette nomination » « Non ! non ! je ne veux même pas entendre ce nom-là ». « Mais, si son nom ne figure pas, il peut être capable d'exciter toute une partie de la forêt à ne pas t'obéir ». « Quelqu'un qui s'oppose à mon unique parti, non ; il n'est pas seul, de la tribu de Juda ». « Dans ce cas ; il nous faut s'attendre encore au pire ». « Il n'a rien ; au contraire, il disparaitra comme singe et ses amis » « Ah bon ! Excellence, ne dis pas ça, il y a risque de croire que tu es à la base de leur disparition » « Loin de là tigre ; je suis l'autorité de tout le monde, je ne peux pas être tueur de mes propres animaux que je dirige ». « D'accord ; dès ce soir, tu auras la liste complète ». « Ok ; associe aussi la fourmi en chef ».

Tigre déposa la liste de nouveaux promus à la résidence du serpent boa. Le président de la forêt vérifia la liste et félicita les deux animaux. Autorisa sa publication à deux heure du matin. Et toute la journée jusqu'au soir, les animaux attendirent les nominations des mandataires. A l'heure prévue, tigre passa au média. Le lion sûr qu'il ne manquera jamais à la liste, resta à l'écoute, quelle que soit l'heure tardive. Jusqu'au dernier mot ; vive la forêt équatoriale : vive le serpent boa ! Je dis et je vous remercie, sans citer ce nom. Là où lion fut, grinça les dents. « Moi, je ne peux pas laisser se jouir le serpent boa en forêt équatoriale ; un animal sans origine, coloniser tous les animaux, s'il s'agit de déchirer la forêt équatoriale, on le fera ».

A neuf heure, lion demanda l'audience au bureau du tigre, ce dernier le savait déjà, autorisa son étendard, de le laisser entrer. « Pourquoi, je ne suis pas figuré parmi les mandataires ». « Prend d'abord la chaise, calme-toi » « Je ne me calme pas, est-ce, je n'ai pas cette qualité, ceux qui sont nommés me dépasse à quoi » « Oui mon ami » « hypocrite, qui est ton ami, sache mieux tigre ; il n'y aura jamais la paix dans cette forêt, tout le temps que je serai en dehors de ton gouvernement ». « Une chose est vraie qu'en forêt équatoriale, tous les animaux veulent devenir dirigeant. Aucun n'accepte l'autre » « tu racontes des bêtises ». « Sort dans mon bureau » « Oui ; je sors, mais, attendez-vous à des actions hémorragiques en forêt équatoriale ».

De l'autre côté, les animaux d'avoir vu les renards remplacés par les originaires. « Que Dieu protège notre président, maintenant, nous pouvons nous taper sur nos poitrines que nous sommes souverains » « c'est vrai ; cette fois-ci, tous les travailleurs sont payés, les verdures en abondance ». « En tout cas, nos rêves sont devenus une réalité, mes enfants étudient sans payer même un centime, les fourmis n'en parlons pas » « La corruption, le tribalisme, les détournements n'ont plus de la place » « deux ans de son pouvoir, notre forêt a trouvé sa sourire, mais, dans dix ans, elle sera comparable à l'amazone » se réjouirent les animaux en forêt équatoriale.

Malgré tous cela, lion fut toujours angoissé, il rassembla aussi une petite partie d'animaux, créa son parti, cher à lui. Ours, une jeune bête de quinze ans, se rejoint à sa cause. Formèrent une dynamique des animaux forts de la forêt équatoriale. Intensifièrent les bruits dans la forêt : « Le président ; c'est un dictateur, nous disons non au parti unique ». Le serpent boa eut encore confiance de renards, de son premier ministre et de sa population animale. Tout le monde rejeta en bloque, ses réclamations.

Le serpent boa, qui ne supporta pas les bêtises, constata que lion et son ami ours exagérèrent, dépassèrent leur limite ; confia la mission de les éliminer à sa Fourmi en chef : « Efface-moi, lion et son ami ours dans un bref délai. Utilise les bons stratagèmes comme celle de la fois passé, et ne change pas l'équipe ». « Excellence ; cette fois-ci, c'est une grande opération, lion et ours, ne sont pas comme singe et sanglier ». « Que veux-tu dire par là » « il me faut ajouter, d'autres fourmis » « Ok ; je te croyais avoir peur d'attaquer lion » « loin de là, Excellence, je suis mieux formé pour le combat ». Elle rassembla son équipe, et leur dit : « Nous avons une mission d'arrêter lion et son ami Ours, ils incitent les animaux à ne pas obtempérer aux ordres de son Excellence ». « Chef ; il nous faut agir avec beaucoup d'attention, lion n'est pas n'importe quel animal dans cette forêt ». « Oui ; il ne fera rien, cette fois-ci, nous multiplions le nombre de fourmis et les serpents vont nous accompagner ». « Travaillons avec professionnalisme, nous sommes condamnées à réussir, le salaire du serpent boa ; c'est la mort, surtout quand vous n'accomplissez pas bien la mission ; insista la fourmi en chef ». En forêt équatoriale, aucun animal ne put s'opposer aux actes que posa, l'animal au pouvoir. Sinon ; cela constituait l'atteinte à l'autorité, la peine fut capitale soit la mort.

Lion et son ami Ours partagèrent le même abri, connu de tous les animaux en forêt équatoriale. Ces deux animaux sûtes à l'avance, le plan diabolique du serpent boa. Ils ne dormirent plus, furent aux aguets, en attente de l'équipe des fourmis. A trois heure du matin ; les fourmis se mirent en route pour l'exécution de la mission. A cinq cent mètres de leur résidence ; lion et son ami Ours déclenchèrent l'attaque, un combat intense. Cette surprise, déséquilibra la force de la fourmi en chef, elle perdit dix-sept éléments dans moins de trente minutes. Informa et demanda le renfort auprès de son Excellence. Ce dernier décida d'y aller lui-même, de peur que lion prenne le dessus. Le serpent boa arriva au champ de batail ; appliqua son tout possible pour neutraliser lion ou encore ours, rien ne marcha. Informa à son tour, son premier ministre, l'ordonna de recourir à l'appui des renards ; effrayé d'être renversé par ces deux carnivores. Le tigre reçut l'assistance en ressources humaines, au cinquième jour de combat, descendirent sur terrain. Les deux animaux prirent fuite, se réfugièrent dans une autre forêt voisine.

Promulgua l'ordonnance loi portée sur la peine de mort, en cas d'outrage à l'autorité ; à son retour. Son premier ministre douta de cette loi, et lui dit ; « Excellence ; allons, miette à miette, n'exagérons pas ; la peine de mort pour l'outrage, c'est trop ». « Oui tigre, je sais, mais ; si tu autorises tout sur la liberté d'expression aux animaux de la forêt équatoriale, tu mangeras même leur caca ». « Je vous comprend, Excellence ; n'oublie pas que, nous avons le devoir, de réhabiliter la démocratie et la bonne gouvernance dans cette forêt. Nous avons des verdures, mais, les animaux sont toujours affamés, l'obscurité couvre toujours la forêt équatoriale » « Oui ; tu peux avoir raison... ». « Non ; j'ai raison, c'est inexplicable, on ne peut pas rebondir dans l'inconscience comme nos prédécesseurs ». « Je suis d'accord avec toi, alors, je te redonne du travail, apporte-moi dans les heures qui suivent, la planification de climat des affaire » « A bientôt, Excellence ».

Les animaux chantèrent, dansèrent à l'honneur de leur président. Le serpent boa, délégua les actions gouvernementales à son premier ministre. Interdit l'exploitation illégale de la forêt équatoriale par les renards et d'autres animaux non originaires, exigea la transformation de leurs matières premières, surplace en forêt équatoriale, s'opposa à l'économie extravertie. Chaque bête retrouva sa place qu'il lui faut, la paix régna tous les quatre coins de la forêt. Perfectionna, équipa les écoles et les hôpitaux ;

beaucoup d'animaux étrangers envièrent la forêt équatoriale pour y habiter. Ce fut l'apogée du pouvoir de serpent boa, accompagné par tigre ; l'animal intelligent.

Le bonheur des animaux en forêt équatoriale fut la tristesse des renards ; se rassemblèrent un jour, dans une réunion, où le renard ancien prit la parole, et leur dit : « Je vous ai appelé ici, pour réfléchir, à la manière où vont les choses en forêt équatoriale, nous risquons de perdre son contrôle, nous étions à soixante-quinze pourcents de sa richesse, aujourd'hui, nous nageons dans les trente et vingt pourcents. A un moment, on nous chassera, et nous contempleront les verdures de la forêt équatoriale par les écluses ». « En tout cas, cher ancien ; je raisonnais aussi sur ça, nos avantages sont diminués. Surtout que le serpent boa, a un ministre sage, rien ne nous profite encore. Ils ont concentré toutes leurs richesses, en faveurs de leur sociale » « Ok ; quelles sont les stratégies à mettre en place, afin de barrer la route à ces deux animaux » « Oui ; pour moi, il faut provoquer la guerre entre eux, nous, nous serons en train d'amasser leurs verdures jouant l'arbitrage ». « C'est une bonne idée, mais, on ne peut pas recourir aux armes, dans un premier temps, gardons cela comme notre plan B. pour le plan A ; appliquons le combat politique et psychologique, divisons-les. Comme ça, le serpent boa se retrouvera seul au pouvoir sans idée, le tigre de son côté aura soif du pouvoir ; tous les deux auront besoin de nous ; pour les dialogues, réconciliations, concertations, sans solution. Dans cette distraction, nous, nous encaperont cent pourcent, la richesse de la forêt équatoriale ». « Nous sommes d'accord ; répondirent tous les renards présents dans cette rencontre ».

Un jour, le renard ancien, organisa un repas du corps, invita le serpent boa. Ils mangèrent et burent ; dans cette ambiance-là, le maitre de bon discours prend la parole, et lui dit : « Excellence ; je regrette beaucoup de ce qui se pense entre toi et ton premier ministre » « Ah bon ! mais, il n'y a rien de mauvais entre nous » « Oui ; tu ne peux pas constater cela tel que tu es dedans, tu sais, quand les joueurs jouent au football, ils peuvent remarquer ou pas les erreurs qu'ils commettent sur terrain. Mais, les spectateurs suivent tous ceux qui se passe au stade à la loupe. C'est pourquoi ; un bon arbitre doit tenir compte des commentaires, avant d'effectuer son plan de deuxième mi-temps » « Ah bon ! tu peux avoir raison, allons-y » « Merci Excellence ; tu sais, dans ta forêt, beaucoup d'animaux respectent tigre. Ils disent, ni t'était lui, toi le dictateur, tu ne pouvais rien changer. Je te préviens d'être prudent. Chaque fois que tu voyage, et tu l'accorde l'intérim, tigre risquera de te prendre le pouvoir en jeux ». « Ah non ! nous sommes collés, serer, l'un et l'autre, je ne te crois pas ». « Soit vigilant » « Que veux-tu que je fasse » « Oui ; il faut l'écarter loin de toi ». « Ah bon ! comment ça, il est ma main droite ». « C'est pour cela, que je te conseille de l'écarter ; il a pris ta main droite, et tu restes avec la gauche ! qui est supérieur ». « Ça aussi ». « Oui ; un simple remaniement du gouvernement, il est parti ». « Ok ; je vais voir ». « Je t'en prie ; Excellence ».

Le renard ancien continua sa campagne de diabolisation. Organisa de nouveau un repas du corps, convoqua tigre. Comme d'habitude ; mangèrent, burent. Le maitre de division commença son discours : « Honorable ; tu es un animal intelligent dans cette forêt, grâce à toi, tous les animaux sont contents, se trouvent quoi mettre sous la dent. Mais, une chose est certaine que ; tu es distrait. Le serpent boa est dans sa cinquième année de pouvoir, or votre forêt est démocratique, pas d'élection ; tu contribues aussi à sa dictature. Je me suis toujours posé la question ; est-ce, tigre, n'a pas la capacité d'accéder au pouvoir, diriger la forêt équatoriale. Ouvre tes yeux, vois de loin, tu te fais esclave du serpent boa ». « Oui renard ; bien sûr, les dérapages ne manquent jamais entre les humains, notre forêt a été déchirée par des conflits, la reconstruire était notre préoccupation, c'est ça le sens du patriotisme ». « Alors que vous avez déjà construit, il faut qu'un seul animal, soit éternel au pouvoir. Tout un premier ministre ; tu ne sais pas nommer un animal de ton choix, dans une des fonctions ». « Tu as raison à ce point-là ». « Oui ; c'est simple, il faut t'écarter du serpent boa, toute la population animale se penchera vers toi, tu auras le pouvoir ». « Ok ; c'est une bonne idée, je vais y réfléchir ».

Le matin, au travail ; serpent boa appela tigre dans son bureau, ordonna de démolir le complexe scolaire qui fut à côté de sa résidence pour en faire de cette parcelle, le terrain de volet balle de ces petits serpents. Tigre s'étonna, et dit : « Excellence ; n'exagère pas, cette forêt appartient à tous les animaux, et l'école que tu veux détruire là, c'est pour les petits animaux de la forêt équatoriale. Ce n'est pas logique que tu construis le stade dans une parcelle publique ». « Tigre ; depuis quand, tu discutes mes ordres ». « Depuis tout à l'heure ». « Je te donne quarante heures, je ne veux plus voir cette école ». « Niet ; c'est impossible de détruire l'école en faveur de tes affaires privées ». « Alors ; tu me donneras raison à l'avenir ». « Oui pas de problème chef. Je suis là pour exécuter tes ordres, mais, pas les ordres mal donnés » « Ah bon ! je comprends ». « Moi aussi je comprends ». Mais, qu'est-ce que le serpent boa et tigre comprennent, l'un et l'autre.

Le serpent convoqua une réunion de sécurité, donna l'ordre d'intercaler tigre à la porte. Ce dernier sans le savoir, vit pour entrer ; la fourmi en chef, lui dit ; « Honorable ; tu n'es pas concerné au conseil de ministre aujourd'hui ». « Mais ; qui vous a donné l'ordre pareil » « C'est le président de la forêt équatoriale ». « Tiens ! moi tigre, je ne prends pas, part à la réunion de sécurité ». « Oui honorable ; tu peux rentrer » « Ok c'est bon ». « Quelle humiliation, m'inflige cette bête ; raisonna tigre avant de retourner chez lui ». Dans la réunion ; le président annonça la suspension du tigre, jusqu'au nouvel ordre. Présenta sa femme comme la chef du gouvernement à l'intérim. Effrayèrent d'être dévorés, tous les animaux dans la salle applaudirent, sans aucune question ni discussion. A la sortie, ce fut les murmures au sein des animaux : « sa femme à la tête des affaires, n'est pas normal. Et puis, il n'a pas expliqué la faute qu'a commis tigre pour mériter la suspension ».

Lorsqu'il grinça ses canines, sa femme s'approcha, et lui dit ; « ce n'est pas la fin du monde, calme-toi, c'est une suspension, tu reprendras tes fonctions d'ici peu » « Non ; s'il veut connaitre duquel bois, je me chauffe, et bain, il en saura. Je ne suis pas son esclave pour exécuter tout le temps ses ordres dictatoriaux. Et puis ; il est temps de libérer la forêt dans cette néo colonisation. Mon objectif est de ramener la démocratie, la bonne gouvernance, en forêt équatoriale ». « Oui ; je te comprends, mais, ne décide pas dans ta colère ». « Ah ! j'accepte maintenant, ce que le renard ancien me disait, j'étais mannequin du serpent boa sans le savoir ».

L'okapi, l'animale responsable de la société civile, constata le feu qui s'enflammer en forêt équatoriale ; rassembla le serpent boa et tigre, se retrouvèrent trois animaux à la même table. Prit la parole, et leur dit : « Excellence et honorable ; notre forêt est en ébullition, et les animaux ont perdu la sourire. Si vous demeurez esclave à l'obéissance de la loi de division, la forêt équatoriale ne sera jamais éclairée, la crise économique sera un hymne préférable du pays. Au contraire, constituer un bloc, c'est une force, Gardons notre union, la puissance de la forêt équatoriale en dépend » « Je suis président de cette forêt, les animaux autour de moi, exécutent mes ordres sans réplique. Aujourd'hui, un de mes braves animaux, me fait morale, la conscience, m'interpelle d'un animal qui rêve à me remplacer. Mais comme tu insistes sur le problème d'union nationale ; je vais remanier le gouvernent dans quelques jours, tigre pourra réintégrer ses fonctions habituelles ». « Merci Excellence ; pour ta compréhension patriotique ». « Je remercie encore l'okapi pour avoir imaginé si tôt à cette rencontre. Je suis d'accord pour servir ma forêt à côté de mon président » « Excellence et honorable ; c'est la fierté pour moi, d'avoir obtenu la joie de l'un et l'autre, travaillons pour le bien être de notre forêt ».

« Ma chérie ; les choses se sont amélioré entre moi et le serpent boa » « dis-moi » « il a accepté de me rétablir dans mes fonctions ». « Tu vois chéri ; je te disais d'être patient, tu as retrouvé ta sourire ». « Oui ma chérie ; j'ai souffert pour relever les défis de cette forêt ; m'écarter loin du pouvoir, sera semblable un chariot qui a participé dans tous les travaux de la construction d'une maison, après le finissage, on le jette dehors sous toute sorte d'intempéries ». « Non chéri ! tu es importent dans cette forêt, qui peut tolérer que tu sois en dehors du pouvoir ».

En forêt équatoriale, la publication des ordonnances se passa à minuit soit à une heure ou à deux heure, selon la volonté du président. Et le matin, tout le monde se demandera, qui avait été nommé. Ce jour-là, tigre eut l'assurance, scotché à sa poste radio. Aux heures habituelles, la fourmi en chef commença la lecture des ordonnances : « est nommée représentant légal du président serpent boa ; sa femme. Premier ministre ; son petit ainé. Promut presque les membres de sa famille. Jusqu'à la fin ; vive la forêt équatoriale ! vive tous les animaux ! je dis et je vous remercie, sans reprendre le nom du tigre dans le nouveau gouvernement.

« Niet, serpent boa a choisi la voit de la guerre au lieu de la paix. Moi et serpent boa, c'est fini, pas question de négociation entre nous ; déclara tigre ». « Abandonne la politique, mon chéri ». « En tout cas ; je ne délaisserai jamais cette affaire. J'engagerai des combats, jusqu'à tel point qu'il sera chassé au pouvoir ». « Hum ! comment tu vas y arriver, le serpent boa est entouré par de milliers de fourmis et d'autres serpents venins ». « Oui chérie ; j'amènerai un combat intellectuel, toute la population animale me soutiendra ». « Allez petit à petit mon chéri, ne te mêle pas dans le sang » « Oui chérie ; le service que nous avons choisi demande toujours du sang, surtout ici en forêt équatoriale sans le sang, tu ne peux pas accéder au pouvoir ». « Dans ce cas, tu me fais déjà peur chéri ». « Oui ; la situation est compliquée, allez-y comprendre ».

Après une semaine, tigre proclama son indépendance et dévoila, tous les secrets du pouvoir de serpent boa. « Il est dictateur, un animal sans pattes, n'a aucune force d'imposer sa volonté à toute masse d'animaux qui se trouve en forêt équatoriale. Il tue et mange les animaux, jour et nuit dans cette forêt. Le singe, le sanglier, le perroquet journaliste et même le grand buffle. C'est pourquoi, j'appelle toute la population animale de se lever et dire non au dictateur dans notre forêt. Nous n'allons plus tolérer l'unique parti politique dans notre forêt, nous sommes dans une forêt démocratique ». En forêt équatoriale ; quand vous appartenez à un groupe de dirigeants, même s'il y a quelqu'un qui commette les erreurs, vous ne pouvez pas le déclarer à la connaissance du reste. Au contraire, vous le défendez à la dernière énergie. Mais, s'il quitte votre groupe, vous crachez sur tous ses actes blâmables, là où il part, expose toute la nudité du groupe au pouvoir.

Léopard, gorille rejoignirent tigre dans ses démarches et son équipe devint forte. Ils adressèrent une lettre au serpent boa en lui demandant l'autorisation de plusieurs partis politique, en forêt équatoriale, sans condition. A ce temps-là, le serpent boa fut encore fort, avec le soutien total des renards et de ses fourmis. Quand ce dernier avait reçu la lettre de ces trois animaux ; il convoqua la réunion de sécurité, et dit ; « vous devez être vigilant tous, il y a un groupe fort qui vient de neutre en forêt équatoriale, leur objectif, renverser le pouvoir de votre autorité que je suis. Mais, je n'accepterai jamais de partager mon pouvoir avec qui que ce soit. Même s'il s'agit de signer un pacte avec Satan ; je vais le faire afin de garder la totalité de mon pouvoir ». « Eh ! Excellence ; c'est le diable qui tranchera nos problèmes dans notre propre forêt » « Ignorant ; tu ne comprends même pas les teneurs du moment, toi l'animal en qui, j'ai mis confiance ». « Mes respects Excellence ; j'ai eu peur, quand tu as cité le Satan ». « Tu la ferme ; cela me concerne. Quant à toi, prend toute tes dispositions pour empêcher toute manifestation ou attroupement, surtout les débats politiques. Si j'entends une manifestation qui tienne dans cette forêt, tu auras de mes nouvelles » « A vos ordres Excellence ».

Il se décida de signer un pacte dans le monde mystique pour la conservation de son pouvoir. Bien accueillit, l'esprit lui présenta la ligne de conduite : « tu créeras des conditions souffrantes aux animaux de la forêt équatoriale, leurs lamentations, leurs larmes, tes placera au rang élevé, que ce soit dans le monde invisible, soit dans ton monde réel. Dans ce cas, nul ne mettra son doigt sur ton visage ». Ordonna, l'animal, ministre chargé de fonction publique, son cousin, et lui dit ; « Je ne veux plus entendre que tu as payé les animaux qui travaillent partout, sauf les membres du gouvernement, les directeurs généraux des entreprises publiques et les fourmis, un point clé. Chaque animal doit supporter les études de ses petits et ses soins médicaux » « Mais, Excellence ; cette manière d'agir te souillera encore plus, aucun animal ne sera pour nous. Tigre et ses amis profiteront cette faiblesse ». « Non ; pas question, il faut que les animaux deviennent d'avantage affamés. Tu sais ; celui qui est affamé se concentre sur son ventre. C'est facile d'acheter sa morale ». Cinq mois impayé ; les animaux enseignants décrétèrent la grève. Ce fut le tour des animaux médecins et infirmiers. « Excellence ; la situation sociale va mal maintenant, la grève est partout, les cris de malheur partout ». « Fourmi en chef ; occupe-toi de tes affaires de sécurité, la sociale ne te concerne pas ». « A vos ordres Excellence » Les animaux de la forêt équatoriale malheurs, mais, le serpent boa devint respectueux, de tel sorte qu'aucun animal ne put citer son nom en mal. Ils honorèrent même le vent, et crurent que le serpent boa marcha dans le vent et ses yeux furent partout.

La tigre constata que leur lettre fut classée sans suite, convoqua de nouveau ses collaborateurs, et leur dit : « Mes cher ; la situation sociale de notre forêt s'empire d'avantage, nous avons l'obligation de chasser le serpent boa au pouvoir ; sinon, nos générations futures ne trouveront rien de spéciale en forêt équatoriale ». « Oui ; c'est vrai ça, voilà aujourd'hui ; le serpent boa, autorise sa femme conduire le conseil de ministre, une idiote de niveau zéro » « Regrettable ; même son petit voyou-là, première ministre, alors nous sommes esclaves du serpent boa, toute la forêt ». « Mes chers ; Comme tous les animaux galèrent, engageons les manifestations de grande envergure, l'unique mesure qui nous permettra à contraindre sa progression ». « D'accord ; répondirent léopard et gorille ».

A cinq heure du matin, ils se partagèrent les coins de la forêt avec les microphones, lancèrent un appel à tous les animaux, de répondre à un meeting, samedi prochaine. Toute la population animale éprouvée ; décortiqua l'un et l'autre ; « est-ce l'autorité du pouvoir permettra ce meeting » « le serpent boa, un animal sans abnégation, peut vous exterminer en plein discours ». « Mais non ; il n'est pas le tout puissant du monde » « trop c'est trop, nous sommes fatigués de cette dictature, adviennent que pourra ».

Saisis de l'information, demanda à sa fourmi en chef, et dit : « qu'est-ce j'entends » « Excellence ; tigre a convoqué un meeting, ce samedi ». « Mon père à moi ! nous sommes combien de présidents dans cette forêt ». « Conduite à tenir » « Ok ; accorde-moi le temps de consulter mes ancêtres, tu auras la réponse ». « A vos ordres Excellence ». Cette fois-ci, le serpent boa ne consulta pas les renards ni les membres de son gouvernement. Dans sa chambre, pria ; « Ancêtre ! ancêtre ! ancêtre vient combattre à ma place ; seul, je ne suis rien devant tigre, léopard, gorille ». L'esprit apparut, et lui demanda ; « que veux-tu mon petit boa ». « Oui ancêtre ; je ne veux pas entendre qu'un animal a mis pied au meeting de ces trois bêtes, jaloux de mon pouvoir ». « Non mon petit ; j'ai besoin du sang des animaux ». « Comment ça ancêtre ». « Oh là ! le sang est mon repas préférable, néglige tigre dans ses affaires, quand les animaux verront que tu n'as pas agi lors de meeting, ils seront nombreux au temps de manifestation, tu ordonneras à tes fourmis d'utiliser les balles réelles, les grenades, tueront à bout portant, les milliers d'animaux. Tu verras comment toute la forêt te respectera ». « Merci ancêtre ». Rentra dans son salon, et dit à sa fourmi en chef : « Tu ne feras rien lors de meeting, tigre n'a rien à retrancher ni à ajouter à mon pouvoir » « A vos ordres ».

Samedi à quatre heure du matin, se repartagèrent les coins, sensibilisèrent d'autres animaux d'approcher au lieu de meeting. Ce fut le premier en forêt équatoriale sans présence du serpent boa. Les courageux se rassemblèrent au-delà de dix milles animaux. Tigre prit la parole, et commença : « Notre objectif est de chasser ce dictateur, ennemi de la démocratie, de l'état de droit et de la bonne gouvernance, au pouvoir. Je vous exhorte d'abandonner la peur ; tenons debout, main dans la main pour lutter contre ce tonneau vide. Un animal incapable, inconscient qui a montré ces limites ; huit ans au pouvoir, la forêt demeure toujours obscure. Nous sommes les animaux de la forêt équatoriale, nous avons l'obligation de la développer nous-même. Maintenant ; nous devons entreprendre les multiples sorties dans la rue pour effacer, une fois pour toute, la misère placée à la tête de notre forêt. Dès ce lundi ; nous serons tous dans la rue pour réclamer le départ de serpent boa ». Les animaux saluèrent tour à tour, le courage du tigre et ses amis.

Les animaux non apparents du serpent boa lui apportèrent le message, et leur dit : « Excellence ; tigre et ses amis ont proclamé la marche populaire, ce lundi » « Mon père à moi ! mais cette fois-ci, je ne tolérai aucun bruit dans cette forêt, contre ma dignité, Appelle-moi la fourmi en chef ». « Je suis là Excellence » « Ok ; prend place. Je t'ordonne tout de suite de mettre tes unités en alerte. Lundi ; tuez toute bête qui sortira pour accompagner ses malfaiteurs dans leur manifestation. Vous m'amènerez tous les cadavres des animaux ici, vous mangerez aussi ce que vous trouverez bon pour vous ». Cette décision n'est pas humanitaire ; répondit fourmi en chef » « Encore un mot, je te remplace par un autre animal, imbécile ». « A vos ordres Excellence ». Elle rassembla ses animaux venins, et leur dit : « tous, nous somme en alerte, l'heure est grave ; tigre, léopard et gorille se sont coalisés pour renverser le pouvoir de notre chef. C'est pourquoi ; je vous inflige d'être sans pitié, la journée de lundi ; lorsque les animaux sortiront pour marcher contre le pouvoir en place. Tuez, blessez, fracturez le président lui-même se justifiera aux organismes tant nationaux qu'internationaux. A bonne entendeur ; salut ». En tout cas ; vivre en forêt équatoriale ; c'est contempler chaque jour, les scénarios d'enfer sur la terre.

Toute la forêt fut sensibilisée, prêtes pour la marche, surtout que le meeting n'eut rien comme incident. Tigre expliqua le briefing et l'itinéraire. Partagea les animaux en trois troupeaux pour couvrir toute la forêt ; l'équipe de léopard, l'équipe de gorille et son équipe. Les fourmis déjà partout, à leur attente. Avec cette ignorance, ils chantèrent, injurièrent, jusqu'à un niveau, les tirs commencèrent ; ce jour-là, il y avait eu les morts en désordres en forêt équatoriale. Le serpent tranquille ; on l'amena que les cadavres des animaux à sa résidence. À partir de cet évènement, le serpent boa bouda de manger les fruits et les herbes, se transforma carnivore, jusqu'alors, ses petits-fils n'en consomment pas. Tigre vit le nombre de morts dépassé ; il appela léopard, gorille, et leur dit : « dispersez les animaux, chacun chez lui pour arrêter l'hémorragie. Nous ne sommes pas là, pour exterminer les animaux de la forêt équatoriale » « Ok ; tu as raison honorable ». Tout animal se bouscula pour trouver un abri contre les éclats.

Les renards invitèrent le serpent boa, une semaine, après les manifestations, et leur dit ; « Excellence ; tu as poussé ta fâcherie loin de la vie humaine, jusqu'à autoriser l'extermination de toutes les bêtes en forêt équatoriale, c'est un crime contre humanité ». « Oui ; je sais ça, mais, les animaux ont piétiné aussi la loi ». « Comment ça ». « Oui ; la divagation des animaux, dans cette forêt, c'est une infraction grave, qui coute même la vie de son coupable ». « Non ! non, change au moins d'autre façon d'agir, le pouvoir t'appartient, alors toutes ces bêtes font la fierté de ta forêt ». « Ok ! je vous ai compris, les nouvelles mesures dans les heures qui suivent, seront mises en place ». Mais, ces conflits profitèrent les renards, quelle que soit leur observation, vis-à-vis du président. Amassèrent les verdures de la forêt équatoriale pour envoyer dans leurs industries, en défaveur des animaux propriétaires. Les chansons sont partout ; la forêt équatoriale est un scandale géologique, avec une biodiversité importante sur la planète terre ; mais les animaux qui y vivent sont pauvre, affamés, en dessous d'un Euro.

Dans sa chambre invoqua son esprit mystique ; celui-ci, apparut, et lui dit ; « Mon petit boa » « Oui ancêtre » « Je suis content de m'avoir rassasié du sang de tes animaux, Maintenant, tu as la monarchie absolue sur les renards, les fourmis et tous animaux ». « Merci beaucoup ancêtre ». Plus en plus orgueilleux, se nomma ; Roi de la forêt équatoriale.

Convoqua un congrès, s'adressa aux honorables et à la population animale, concernant la marche qui avait causé les milliers de morts en forêt. Pour se rendre compte, de sa puissance ; le serpent boa envoya sa femme pour tenir le discours. Tout est possible en forêt équatoriale. Son épouse entra dans la salle ; tous les honorables, animaux debout, et reçut les honneurs dignes de son nom. Débuta son adresse : « les honorables, tous les animaux de la forêt équatoriale ; je vous remercie d'avoir marqué une fois de plus, la fidélité envers le serpent boa votre président. Mon mari ; n'est pas dans ce congrès, il est touché d'évènement mortel, qui s'est éclaté en forêt équatoriale. Oblige la vigilance de tout un chacun, abandonnez les discours politiques de certains animaux qui cherchent à se positionner au pouvoir, pour leurs propres ventres. Ils annoncent les promesses irréalisables ; si je deviens président de la forêt équatoriale ; je transformerai la fleuve Congo à un boulevard le même jour, du mensonge. Pour les familles éprouvées ; votre chef de l'Etat, serpent boa, mon mari, a instruit à l'animal, ministre chargé du bonheur et du ventre ; d'inventorier les effectifs et apporter une sourire dans ces dites, familles. Les yeux de votre président sont partout, vous gardent contre toute sorte d'infiltration. Gardez patience, accordez-lui du temps, la forêt équatoriale sera éclairée. Je dis et je vous remercie ». La forêt équatoriale se déconstruise par les discours irréalisables de ses autorités.

Les animaux se réjouirent, attendirent le contrôle de l'animal, ministre chargé du bonheur et ventre. Une semaine se coula, un mois sans geste ; changèrent le langage ; « il n'y a rien, les autorités de cette forêt sont habituées à nous tromper ». Cette rumeur toucha les oreilles du serpent boa. La fourmi en chef, lui demanda : « Excellence ; jusqu'alors, les familles des animaux éprouvées, réclament la sourire promise ». « Ecoute ; je t'ai toujours dit, de t'occuper de tes affaires, cette promesse, c'est pour ma femme, il y a tout un ministre chargé pour ça » « bien compris » « ta dernière fois de me reposer ce genre des questions ». « A vos ordres » « Efface-toi devant moi ».

Informé de la nouvelle organisation du tigre, ordonna son arrestation. La justice en forêt équatoriale est l'arme utilisée par l'autorité en place pour neutraliser, ceux qui dénoncent ses aventures, mais, un outil de protection de ceux qui détournent les millions de la forêt. Les fourmis l'amenèrent en prison. Les animaux pleurnichèrent. Ces cris étaient transformés aux oreilles du président ; les chansons d'allégresse. Léopard et son ami gorille intensifièrent les actions pour obtenir sa libération, sans condition ; consultèrent les renards, les organismes de droit de l'homme, mais, l'animal du pouvoir dépourvu de l'organe d'audition. Tigre passa un mois en prison, un matin, le serpent boa ordonna à la fourmi en chef d'abréger ses jours sur la terre. Sans réplique, prit avec lui, trente autre fourmis. Elle leur dit ; « nous avons réussi une mission ultra secrète, tout de suite, nous achèverons l'opposant de la forêt équatoriale, aucun animal ne le mangera, son Excellence m'a donné l'ordre de l'enterrer ». « Nous sommes prêts, chef ». Plaça tigre devant quinze premières fourmis, leur donna l'ordre de le tirer, aucune balle ne le toucha, mais, les coups retournèrent contre eux-mêmes. Se retrouva avec douze cadavres ; elle pointa l'œil du tigre. Ce dernier, lui dit ; « baisse, ton arme, si tu veux ta vie ». « Pardon ! pardon ; honorable ; ne maudis pas ton serviteur, je suis un simple messager, exécutant des ordres » « transportez vos matériels, partez ». « Non ; honorable, accepte de rentrer avec nous jusqu'en prison, sinon ; il nous tuera » « ça vous apprendra d'exécuter les ordres mal donnés ».

« Vous l'avez déjà tué » « Pas du tout » « Mais ; comment ça » « Excellence... » « tais-toi ; tu attends quoi, incapable, déclare-moi, si tu n'es plus à la hauteur d'assumer cette fonction ». « Mes respects Excellence ; bien sûr, nous sommes allés pour l'exécuter, cet animal est un monstre. Toute fourmi qui précipitait pour tirer sur lui, tombait par terre ». « Tu la ferme ; amène-moi toutes les fourmis qui t'ont accompagné dans cette opération » « les voici ». « Comme vous avez failli à votre mission, vous mourez tous ». Tua et nomma une nouvelle fourmi en chef. Continua à invoquer son diable, et disait : « Ancêtre ; jusqu'à quand, tigre s'effacera dans ma vie » « Mon petit boa » « Eh ! ancêtre » « laisse le temps au temps, tigre n'a rien, détache-le un de ses amis » « je suis perdu, comment partager, les animaux qui sont collés l'un et l'autre » « débrouille-toi » « ancêtre ! ancêtre ! ancêtre... ». Il eut l'idée, consulta les renards. « Je ne sais pas continuer mes affaires à cause du tigre et son équipe, assistez-moi à morceler ce groupe ». « Oui ; sache que tu as déjà une solution. Nous causerons avec gorille, celui qui a une masse écrasante derrière lui, viendra vers toi. Tu le confieras la fonction d'un premier ministre » « je suis d'accord, si ça marche » « ne résistera pas, sera content de quitter la classe affamée à la classe rassasiée » « Ok ! c'est une bonne idée, j'attends votre appel ». Les renards se sentirent à l'aise en forêt équatoriale, quand les originaires fut dans la distraction de se diviser entre eux.

Comme d'habitude ; invita le gorille de prendre part à un cocktail ; le renard ancien lui félicita, et dit : « nous sommes contents de ta présence ici honorable, depuis ta vie politique en forêt équatoriale, jamais nous t'avions reçu. Aujourd'hui ; t'annonce une bonne nouvelle ». « Ah bon ! » « Oui » « Laquelle » « Ecoute ; le serpent boa a besoin que tu travailles avec lui comme son premier ministre » « est-ce, tu es sûr, de ce que tu dis ». « Oui ; il te cherche depuis longtemps, mais ; manque la façon de ta border » « d'accord, ma position, dans les heures qui suivent ».

« Oh là ! Dieu est amour » « Père de mes enfants ; Dieu vient chercher quoi dans notre maison ». « Mère de mes enfants ; il a répondu à tes prières ». « Comment ça » « A partir d'aujourd'hui ; appelle-moi, honorable, premier, ministre, mon mari » « Dansée ! dansée ! dansée ; moi, madame, premier, ministre, ta femme » « notre temps est proche » « Mais, on a promulgué quand ». « Mère de mes enfants ; le message m'a été annoncé par les renards ». « Hum ; attention avec ces dangereux, plusieurs fois, ils ont trompé tigre, pour la même fonction ». « C'est vrai, le serpent boa a peur de moi ». « N'exagère pas » « Oui, il est allé solliciter les renards pour me contacter ». « Je ne suis pas du tout heureuse de cette position » « Pourquoi, apporte-nous plutôt, les bières ». « Non ; ne gaspille pas d'abord le cent franc de mes enfants ». « Même si, tu es triste, garde secret, jusqu'à l'accomplissement ». « Quoi bon, tu raconteras ton père politique » « Bien précisé, père politique, pas mon père biologique ; tu n'as jamais, entendu un enfant sacrifié son pères ». « Sois prudent avec le serpent boa ».

« Excellence ; la mission accomplie, d'accord que tu travail avec lui » « Waouh ! quelle beauté du message, vous méritez une gratification ». « Servir le serpent boa dans cette forêt, c'est notre devoir ». « Ok ; en guise de votre cadeau, je vous autorise, d'exploiter toute la partie sud de la forêt, en toute liberté ». La richesse de forêt équatoriale se volatilisa ainsi ; les animaux étaient censés d'acheter leur propre pouvoir. Pour sa première fois ; gorille s'embrassa avec le serpent boa dans résidence. « Sens-toi à l'aise, honorable ». « Oui Excellence ; à toi de décider sur mon sort » « honorable ; les fonctions, c'est moi le serpent boa qui les distribuent, je te nomme mon premier ministre, ce soir ». « Marie mère de Dieu ».

Le serpent étant l'autorité absolue de la forêt équatoriale ; il nomma, révoqua selon son bon vouloir. Cette fois-ci l'ordonnance ne fut pas publiée la nuit, mais, à quatorze heure. Devant sa télévision, vit la bande des informations défila en dessous des images ; flache, flache, communiqué très important ; son Excellence, président de la forêt équatoriale a signé une ordonnance, ce matin. Quatorze heure trente, l'animal, porte-parole du serpent boa passa à la lecture de ladite ordonnance « l'ordonnance numéro zéro, zéro, barre dix-sept ; portant nomination d'un animal, premier ministre, chef du gouvernement ; est nommé ; l'honorable gorille. Sauta sur son écran, griffa celui qui prononça ; écrasa son poste téléviseur. Sa fille lui demanda : « Papa ! papa ; pourquoi, tu as déchiré notre télévision ». « Pour éviter l'hypertension, ma fille ». Okapi avait raison ; jusqu'à quand, la loi de division prendra dessus dans cette forêt, à quand l'inconscience se transformera en conscience. Cette bête m'a trahi. Le malheur du tigre, le bonheur du serpent boa.

Comme d'habitude, en forêt équatoriale ; la communauté de gorille adressa une correspondance de fidélité à l'autorité du pouvoir : « Maintenant, c'est notre tour, nous réintégrons notre fidélité à son Excellence serpent boa, président de la forêt équatoriale. Nous le souhaitons une longue vie, qu'il soit à jamais au pouvoir ». Comme s'il était nommé pour servir sa communauté. Cette idéologie anima les animaux dirigeants, jusqu'à l'exécution de leurs tâches. A titre d'exemple ; un animal chargé d'électricité ; installa du courant qu'à sa communauté ; cousins, cousines... « C'est notre tour » voilà la vraie phrase qui brisa la recette des entreprises publiques en forêt équatoriale. Mais comment voulez-vous que la forêt équatoriale soit développée.

« Nous devons passer à la vitesse supérieure, déstabiliser le pouvoir du serpent boa dans notre forêt. Cette fois-ci, nous foulerons sa résidence pour arracher la liberté d'expression et le multipartisme » « Oui chef ; gorille a choisi son chemin, c'est mieux, je suis fidèle à toi, jusqu'à libérer la forêt équatoriale de cette dictature ». Tigre discuta avec léopard.

Les animaux se demanda entre eux ; « est-ce, il y aura un animal sérieux dans cette forêt, celui qui se sacrifiera pour l'intérêt général. Tout le monde embrouille, pour leurs propres ventre et familles. Un gorille était devant, pendant la manifestation qui a couté les milliers de morts ; aujourd'hui, il quitte tigre, se relier au serpent boa, sans se gêner, content et toute sa communauté. Non ; ça décourage d'accompagner les animaux politiciens de notre forêt. Peut-être, tigre et son ami éopard, cherchent à se positionner aussi parmi les animaux dirigeant » « Nous aurons un animal sérieux, si les élections se tiennent dans notre forêt » « Ah ! peut-être, quand la poule aura des dents ».

Ne s'intéressa ni au bruit de tigre, ni aux murmures des autres animaux Convoqua la réunion pour officialiser le gorille. Eleva sa tête, regarda tout le monde, et leur dit ; « vous aviez murmuré après le dernier remaniement du gouvernent ; Le serpent boa a nommé ses cousins et cousines, Maintenant, votre autorité que je suis, j'ai considéré vos bourdonnements, vos critiques ; Aujourd'hui ! j'ai le réel plaisir de vous présenter, un animal, premier ministre, qui n'est ni de ma communauté, ni de ma famille. Voici honorable gorille, mon nouveau collaborateur ». Tout le monde applaudit. Avant que le serpent boa termine son discours ; ils entendirent dehors, les chansons et les feux d'antéfixe dirigé vers le palais présidentiel. Demanda à la fourmi en chef de se dépêcher, savoir ce qui se passa. « Excellence ; c'est, tigre et son ami léopard, ils ont trainé encore une masse d'animaux pour troubler ton discours ». « En tout cas ; il va me sentir. Je suis ici jusqu'à tel point que l'un de nous mourra ». « Pardon Excellence ; nous avons encore besoin de toi, c'est mieux de se déplacer avant qu'ils arrivent ». Tous les animaux rassasiés qui furent présents dans la salle appuya son idée ; « Oui Excellence ; la fourmi en chef a raison ; déplace-toi ». Le serpent boa catégorique, déterminé d'engager le combat corps à corps avec ces deux animaux. Dans quelques minutes, tigre et son ami léopard environna la salle ; ils commencèrent à jeter les pierres, les morceaux de bois sur le toit. Le serpent boa sortit, déclencha le combat sauvage. Il adopta toutes ses méthodes artisanales pour enserrer le tigre ou léopard, afin de couper la circulation sanguine ou étouffer l'un d'eux, rien. Vous savez le boa attaque en s'enroulant autour de sa victime et en resserrant progressivement ses anneaux pour l'étouffer. Mais la pression phénoménale qu'il exerce entraine une grande dépense d'énergie et le laisse particulièrement vulnérab e aux attaques d'autres prédateurs. Raison pour laquelle, il fut déjà au bout de sa force. La fourmi en chef constata que son autorité fut déjà fatiguée ; elle apporta le renfort d'autres fourmis et serpents venins pour secourir le serpent boa. Cette intervention horrifia tigre et son ami léopard. Ce jour-là ; il y a eu encore beaucoup de perte de vie animal. Les renards furent contents, amassèrent les verdures de la forêt équatoriale, apportèrent les assistances humanitaires aux familles sinistrées. L'animal porte-parole déclara sans événement à la radio. « Ah ! d'où vient la forêt équatoriale et d'où elle va ; ce fut la réflexion de l'okapi.

Le président de la forêt équatoriale destitua tous ses animaux chargés de la sécurité. Nomma une autre fourmi en chef, un animal chargé de renseignement. Dans son abri, raisonna toute la nuit, comment éliminer, cet animal. Ordonna de nouveau à sa fourmi en chef, de couper la tête de tigre. La fourmi en chef organisa son équipe, retira tigre en prison, pour aller le tuer en dehors du centre de la forêt équatoriale. Ils arrivèrent à l'endroit où ils purent exécuter tigre. Celui-ci demanda à la fourmi en chef : « est-ce, tu as le sang d'un animal, originaire de la forêt équatoriale ? ». « Oui ; ce n'est pas à toi d'examiner le sang des animaux dans cette forêt, j'exécute l'ordre de mon chef, ton président que tu ne veux pas respecter ». « Ah bon ! à quoi de bon, tu trouves en serpent boa, ton chef, tu meurs, tout de suite ». « Tu la ferme ; tu as causé beaucoup de dégâts dans cette forêt ». La fourmi en chef ordonna à ses subalternes de tirer sur lui. L'animal qui fut lié toutes les quatre pattes ; les cordes se détachèrent, se tint debout, les fourmis l'entourèrent croyant qu'il va prendre fuite, loin de là, il ouvra sa gueule, vomit dix autres tigres, semblable à lui. Les fourmis effrayées par ce phénomène. Chaque tigre ramassa une fourmi, la mangea. « Nous sommes en danger... vidons le lieu..., cria la fourmi en chef ».

« Excellence ; cet animal est fantastique ». « Tu la boucle ; ne me dis pas que, tu ne l'as pas tué ». « Désolé Excellence ; il n'est pas mort, au contraire, il a dévoré dix fourmis ». « Alors, tu dois mourir à sa place, tu as commis deux fautes graves ; la perte de fourmis, la libération de tigre en vie ». « Pardon Excellence ; ne me tue pas, tigre est un animal occulte ». « Tu continues à cracher sur mon visage ; depuis quand il est devenu dangereux dans cette forêt ». « Pa ! pardon... » « Va chez toi, tu as la chance, je n'ai pas l'envie de manger aujourd'hui, mais, va démission toi-même à la radio nationale ». « A vos ordres Excellence ». Le même soir ; nomma une autre fourmi en chef en forêt équatoriale.

Le mystère du tigre, choqua le serpent boa, se posa des questions, invoqua son ancêtre : « depuis quand tigre est devenu mystérieux en forêt équatoriale, pourquoi tu ne veux pas m'assister ancêtre, pardon aide-moi, sinon, mon pouvoir est en danger ». « A quoi tu penses mon petit boa ». « Oui ancêtre ; je suis troublé par la présence de tigre en forêt équatoriale, je veux sa mort » « tu ne peux pas le tuer, il sera ton opposant jusqu'à la fin de ton pouvoir ». « Non ; ne dis pas ça ancêtre, je ne veux pas que mon pouvoir finisse ». « Oui ; sache mieux, toi et lui, vous êtes de la même maison, je ne t'avais pas parlé avant. Tigre a choisi le succès dans l'opposition et toi tu as pris le pouvoir. Ecoute moi bien, dès demain, libère tigre dans ses activités, en forêt équatoriale, cela n'aura aucune influence sur ton pouvoir ». « Ancêtre quelle sera nos relations entre moi et le tigre ». « Oui mon petit boa ; tigre sera ton opposant la journée, la nuit il sera bien ton ami. La souffrance des animaux en forêt équatoriale sera votre bonheur ». « Merci ancêtre, ta puissance me rassure ». Cette échange soulagea le serpent, augmenta en même temps son orgueil. En forêt équatoriale, le pouvoir et l'opposition sont adversaires la journée, et la nuit les vrais amis.

« Mon chéri ; est-ce tu ne peux pas abandonner, ce chemin de la croix que tu as choisi, subir des tortures, prison, chaque jour ». « Non ma chérie ; rien de pire ne m'arrivera, jusqu'à tel point, serpent laissera ce pouvoir en faveur des animaux de cette forêt ». « Tes mouvements de va et viens en prison, ne ma range pas mon chéri ». « Oui chérie ; je comprends ton angoisse ; d'ici peu, il aura un changement ». Son appareil sonna, ce fut l'appel du léopard : « chef ; ouvre ta télévision, je viens d'apprendre que serpent boa veux parler tout de suite ». « Ah bon ! ». « Oui chef ». « Est-ce tu as au moins, la fuite de ce discours » « pas du tout chef ». « Ok merci pour l'information ». Commença à la chaine nationale de la forêt équatoriale. « Chers animaux ; je vous annonce, je prends ce jour, congé d'Union de Serpents Venins, le parti unique, et j'ai décidé de tenter encore une fois le pluralisme politique dans notre forêt ». « Gagner ! gagner ! gagner, nous avons gagné ; cria tigre » « qu'est ce qui se passe chéri ». « Ma chérie ; écoute, serpent boa, il est fatigué de la dictature » « c'est vrai ça ». Toutes les bêtes applaudirent pour tigre, au lieu du serpent boa. Ils disaient : « grâce à lui, nous avons la liberté politique ; nous attendons les élections transparentes ». Est-ce, la déclaration du serpent boa, a marqué la fin de sa dictature.

Révoqua gorille dans ces fonctions du chef de gouvernement. Celui-ci, déclara à sa femme, et lui dit : « je ne dois pas tolérer ces bêtises, sans même m'aviser, ravit mes fonctions » « maitrises toi ! nous avons assez de bien, nous pouvons compter sur ça au lieu de t'engager avec serpent boa ». « Pas question ; le pouvoir, c'est l'honneur, et non des biens » « il est dangereux » « sa méchanceté est pour les autres, j'irai le voir » « père de mes enfants ; je ne suis pas contente que tu aille chez-lui » gorille refusa de comprendre sa femme, bouscula la porte de la présidence, tonna en sa présence : « c'est cruel de ta part ; de quelle infraction, je mérite cette sanction ». « Tu la boucle ; je ne te permets pas de me parler ainsi ; répliqua serpent boa ». « Oui ; ne me renvoie pas comme un petit rat ». « Si tu aimes ta vie, quitte chez moi ». « Oui ; dis-moi d'abord la faute que j'ai commise en travaillant avec toi ». Gorille parla encore, le serpent demanda la fourmi à la porte, de la fermer. « Tu ne sors plus, je te mange tout de suite ». « Pardon Excellence ; ne faut pas être déplaisant jusqu'à ce niveau, je suis le père de mes enfants » « le pardon ne tient pas chez-moi » ; Un coup de tête, gorille neutralisé, pas question de rentrer chez lui.

Jusqu'à vingt heure ; sa femme se tracassa : « Mon cœur n'est pas tranquille, à l'intérieur ». « Comment ça maman, n'exagère pas ». « Depuis le matin ; votre père est allé voir serpent boa, jusqu'à lors ». « Non maman, soit calme, papa n'est pas n'importe qui pour disparaitre, ce n'est pas aussi sa premier fois de visiter la présidence ». « Mes enfants ; je m'efforce de me calmer, mon cœur refuse toujours. J'essaie de l'atteindre au téléphone, il ne décroche pas ». « Oui maman ; attendons un peu, s'il est arrêté, il sera aussi libéré, le serpent boa vient de prôner la liberté d'expression d'ici là ». Dès l'aurore, sa femme fouilla tous les cahots et prisons de la forêt équatoriale. Aucun membre de sa communauté ne fut pas capable de vérifier la résidence du serpent boa. Le soir, toute la famille se décida de pleurer gorille, et oublier son existence. « Ah ! serpent boa, tu tueras combien d'animaux en forêt équatoriale ; pleura madame gorille ».

Le serpent boa exagéra l'orgueil, refusa de payer même le salaire de ses fourmis, foula au pied sa relation avec les renards. Il injuria, parla aux renards sans froid. La forêt s'en foncée de plus en plus dans le chaos. Les grèves partout, les pillages, les manifestations de tigre. Cela ne signifia rien aux oreilles du serpent boa. L'odeur de la crise se propagea à tous les niveaux. Le serpent boa nomma et révoqua selon son gout.

Okapi, animal rassembleur, entreprendra la démarche de réunir les animaux rassasiés et affamés autour d'une table, pour trouver solution à leur problème. Mais, en forêt équatoriale, les animaux étaient incapables de trouver eux-mêmes solution à leur problème, même s'il s'agit de creuser un puit d'eau. Il faut toujours recourir aux renards. C'est pourquoi l'okapi se dit ; moi seul ; je n'y arriverai pas. Alla vers les renards et leur dit : « Vous ne pouvez pas négliger une grande forêt comme la nôtre, là que vous puisez les verdures de toutes sortes, les animaux meurent chaque jour la faim. Mais, notre forêt riche en verdure, je ne comprends pas ce phénomène. Veuillez m'aider à réunir tout le monde à la même table pour palier à ce problème ». « Oui ; nous t'avons compris, mais, l'animal à convaincre d'abord, c'est le serpent boa, votre président qui s'appelle ces jours : "le roi de la forêt équatoriale" ». L'objectif de cette conférence fut de former un gouvernement d'union nationale pour abaisser l'attention des uns et des autres. Surtout qu'en forêt équatoriale, tout le monde veut devenir dirigeant. Pourquoi tout le monde veut diriger ; ceux qui dirigent méprisent toujours ceux qui ne sont pas au pouvoir.

Le déroulement de la conférence

L'okapi, l'animal rassembleur prit la parole, et dit : « chers animaux de la forêt équatoriale, chers renards qui ont accepté de nous assister à ce grand évènement. Je remercie votre présence en général, et en particulier, celle de son Excellence serpent boa. Il a manifesté une fois de plus le sens du patriotisme, en débloquant un budget pour la réussite de ladite conférence. Nous devons être solution aux problèmes qui nous entourent en forêt équatoriale. Nous avons constaté avec amertume ; la mortalité et la morbidité à tous les niveaux d'âge, la crise économique est devenue une chanson préférable en forêt équatoriale. La forêt réputée riche en matière première. Mais, les animaux qui y vivent sont malheureux, en dessous de seuil de la pauvreté. Nous avons jugé bon de former un gouvernement d'union nationale, que chacun de nous contribuera avec son bon sens à la construction de notre chère forêt ».

Le renard ancien prend la parole : « Son Excellence serpent boa, okapi l'animal rassembleur, et tous les animaux ; c'est l'honneur pour moi de remercier encore une fois son Excellence serpent boa, le président de la forêt équatoriale, qui ne cesse de nous surprendre avec ses beaux gestes démocratiques. La fois pensée, Excellence ; tu as démocratisé cette forêt. Aujourd'hui, tu veux partager ton pouvoir avec tes compatriotes, qui, hier étaient tes opposants. En tout cas, cela montre à suffisance que tu aimes ta forêt et toutes les bêtes qui y vivent, tu mérites notre soutien. Quant à vous les animaux de la forêt équatoriale ; il faut savoir saisir le ballon au bond. Il est temps de vous approprier cette occasion offrit par votre président ».

Le serpent boa lui-même : « les animaux de la forêt équatoriale ; vous savez que je vous aime beaucoup. Je n'ai jamais été absent dans mes attributions de vous servir. J'ai déjà vingt an au pouvoir ; ce que signifie que vous m'aimez aussi, je suis fière de vous. Dans mes habitudes, quand la population animale de ma forêt formule une demande ; j'ai été toujours prêt à écouter et exécuter ce que vous m'exigez, je suis à votre service. A partir de ce jour, je refuse les manifestations sanglantes dans cette forêt, j'ai trouvé la solution à ce problème. Voici ladite solution ; Aujourd'hui, j'accepte de partager mon pouvoir avec l'opposition. Maintenant, c'est à elle de me proposer le nom de l'animal que je vais nommer comme mon premier ministre. A son tour, il va me proposer les noms des autres ministres. Je dis et je vous remercie ». Eh ! tu n'as jamais vu l'applaudissement, les cris de joies, c'est un signe que notre forêt sera éclairée d'ici peu. En forêt équatoriale.

Léopard : « nous, opposants, nous sommes contents de cette rencontre qui vient trouver réponse à toutes les questions qu'on se posait en forêt équatoriale. Je remercie son Excellence serpent boa d'avoir raisonné d'une manière paternelle, en faveur du développement de sa forêt. Pour le nom d'un nouveau premier ministre ; nous proposons tigre, celui qui est notre chef de fil en opposition ».

Tigre : « Son Excellence serpent boa, cher okapi, l'animal rassembleur, chers renards et distingués animaux de la forêt équatoriale, bonjour ; Aujourd'hui, c'est un jour historique pour nous. J'accepte de travailler encore avec l'autorité serpent boa et je remercie beaucoup l'opposition d'avoir porté leur choix sur moi. Je promets de terminer dans un moi la faim qui ronge la forêt équatoriale, c'est une question qui va plus me préoccuper pendant tout le temps que serai chef du gouvernement. Quelle joie ce jour, en forêt, à tous les renards nous avons besoin de votre soutien, la franche collaboration pour le développement de notre forêt. Encore une fois merci beaucoup ».

La promulgation de l'ordonnance nommant tigre comme premier ministre était attendue après une semaine selon la conclusion de la conférence. Comme d'habitude, la corruption en forêt équatoriale est une maladie incurable. Pour accéder à une fonction intéressante, il faut passer par la corruption soit être proche de celui qui propose. C'est pourquoi, les animaux fréquentèrent, la résidence du tigre pour se positionner.

Tigre content avec toute sa famille politique en attente de l'ordonnance. Dit au léopard : « Je vais te nommer ministre délégué prêt du premier ministre pour qu'on dirige ensemble la primature ». « Oui chef ; je suis d'accord, nous avons beaucoup souffert dans cette lutte, il nous faut prendre aussi l'air frai de la forêt équatoriale » « Ok ; il faut être prudent, tu assureras le contrôle de tous les ministères. Avant n'importe quel projet s'exécute ; toujours obliger les factures pro-forma et aller vérifier toi-même sur terrain ». « Oui chef, je ne suis pas aussi moindre, il n'y a pas celui qui va jouer avec notre argent ». En forêt équatoriale ; un animale défend l'intérêt général lorsqu'il est dans l'opposition ! une fois au pouvoir ; c'est le ventre d'abord, suivit de la famille d'abord.

« Mon petit boa ; je ne veux pas entendre vos bêtises-là, limitez-vous à ce niveau avec ton ami tigre. Sinon, je te ravie ma puissance ». « Pardon ancêtre ! je suis soumis à vos ordres ». « Mon petit boa ; tu es mon serviteur préférable, ton travail est de maintenir la souffrance sur les animaux en forêt équatoriale ». « Merci ancêtre ». « Ah ! je serai traité comment dans cette forêt, obligé de jouer une aventure incroyable ; raisonna serpent boa après le message de son esprit ». Tigre, avertit à la même heure, pleura dans sa chambre ; sa femme le surprendra, et lui demanda : « mon chéri ; tu pleures, qu'est ce qui ne va pas ». « Non chérie, ne te dérange pas, tout va bien ». « Impossible chéri, tu me cache quelque chose ». « Pas du tout ».

« Dis-moi ; le serpent boa a refusé encore de te nommer ». « Non ma chérie, ne pousse pas loin, viens, embrasse-moi ; Ma première dame soit tranquille ».

Tout ce qui se fut passé à la conférence, les corruptions des animaux, chez tigre, les propositions de léopard ; ce furent qu'un rêve ! Le jour J, les animaux impatients à leurs postes téléviseurs, l'heure ne fut pas prévue. Les notions du temps sont un tabou en forêt équatoriale. Du matin jusque au matin, aucun signe de la présidence. Les animaux se demandèrent partout « qu'est ce qui se passe, c'était hier qu'on devrait publier la nomination de tigre. Mais, nous ne comprenons pas, le serpent boa veut couper ce bon processus, nous espérons au changement des choses en forêt équatoriale ». Les animaux remplirent la résidence du tigre, sa réponse fut : « laissons le temps au temps, peut être le serpent boa a reporté la date de la publication. En cas de non-respect de la conclusion du dialogue, nous allons reprendre la rue jusqu'à tel point qu'il partira » « Oui ; nous sommes tous derrière toi ; répondirent les animaux ».

Comme la question à la une ! l'okapi l'animal rassembleur, les renards et quelques animaux journalistes à la présidence, pour s'enquérir de la situation à la source. « Son Excellence ! qu'est ce qui t'empêche la publication de nomination du tigre ? ». « Je ne veux pas ce nom-là ». « Lequel Excellence ». « Je ne veux même pas le citer, Proposez-moi un autre nom ». L'okapi regretta le comportement du serpent boa, le garant de la forêt équatoriale, lui demanda : « Alors, la décision de la conférence » « Oui, déchirez-moi tous ceux-là ». « Tu n'as pas tenu à tes paroles, Excellence » « Je m'en fou, si vous n'avez pas un autre animal à mes proposer, le premier ministre en place continue ses attributions, un point clé ». L'okapi apporta le message auprès du tigre : « honorable ; ton monstre là, je ne le comprends pas, il a tout changé aujourd'hui, refuse de te nommer comme prévu à la conférence ». « Oui ; okapi, ne prend pas la peine, je le savais, le serpent boa, en étant incompétent, il ne peut accepter que je travaille à côté de lui ». « Mais non ; la forêt équatoriale n'est pas créée pour un seul animal, et tous, nous sommes ses assujettis ». « Oui ; il y a un temps pour toute chose. Un jour le serpent boa partira et laissera cette patrimoine ».

Les animaux intensifièrent les manifestations contre les ambassades des renards, les accusèrent d'être à la base des incohérences en forêt équatoriale. Les mutineries, les fermetures des entreprises publiques, les licenciements sans préavis. Cela dépassa les renards, convoquèrent le serpent boa. « Excellence ; nous sommes taquinés par ta population, nous t'avons conseillé d'associer tigre à ton pouvoir pour abaisser la chaleur dans cette forêt. On ne sait pas pourquoi, tu as bafoué la conclusion de la conférence ». « Ecoutez chers renards ! j'ai travaillé avec tigre sans problème, au début de mon pouvoir, c'est toujours ici que vous m'aviez déconseillé, qu'il était dangereux à côté de moi, aujourd'hui, toujours vous, vous me demandez encore de le restaurer. Il y a un secret que vous me cachez. Mais, je ne suis pas prêt pour reprendre des relations fonctionnelles avec tigre. A ce qui concerne la souffrance ; je n'ai jamais considéré la forêt équatoriale, mon patrimoine, comme un sanctuaire de misère. Tous les animaux mangent bien, ils dansent et font leurs activités vingt heure sur vingt heure. Pas de guerre, pas d'épidémie. En conclusion, la forêt équatoriale n'est pas sous développée ». La forêt équatoriale où le train de vue est un incalculable ! mais, le président nie qu'il n'y a rien, tout va bien, cette interview choqua les habitants de la forêt équatoriale.

La délégation des renards rendit visite au Lion installé dans la forêt des scorpions, depuis son exil. Celui-ci sauta dans sa chaise à l'entrée des renards : « je rêve ou quoi ». « Non ; c'est normal, nous venons en paix, nous ta portons une bonne nouvelle ». « Vierge marie ; quelle nouvelle, vous m'aviez privé l'appui, vous avez préféré de maintenir le serpent boa, un dictateur soit éternel en forêt équatoriale ». « Oui ; nous acceptons cette erreur. C'était l'époque du serpent boa, maintenant, ça peut être la vôtre, voilà l'objectif de notre présence devant toi ». « Vierge marie ; allons-y, je vous écoute ». « Honorable ; nous savons ta force et tes qualités, Nous voulons que tu nous rendes un bon service. Le serpent boa est affaibli, nous voulons le remplacer » « le serpent boa va-t-il organiser les élections ». « Non ; par un coup d'Etat bien sûr ». « Vierge marie ; par quelle magie ». « Oui ; nous sommes là pour te guider, il est en conflit avec tout le monde ; l'autorité de la forêt des scorpions te donnera ses éléments, le nombre que nous voudrions. Nous allons convoquer une réunion avec l'autorité des scorpions au cas où tu seras d'accord » « je suis d'accord, ça a été mon rêve pour libérer notre forêt de cette dictature » « honorable ; il faut commencer les sorties médiatiques, prononçant de bon discours avant nos actions, ça te permettra d'ouvrir la porte de rentrer en forêt équatoriale » « A vous de me faciliter les choses ».

Lion s'échangea avec Ours, après les renards : « Ours ; comment tu as jugé les propos de ces animaux ». « Oui ; la proposition en soit est bonne, aucun animal ne peut refuser le pouvoir, mais, il faut tirer attention des renards ; est-ce, ne sont pas les espions envoyés par le serpent boa pour nous éliminer » « tu peux avoir raison, attendons voir la réunion de dimanche ». « Honorable ; nous admettrons la guerre dans notre forêt » « mon ami ; guerre ou pas, je veux le pouvoir, point clé ». « Mais cela coutera beaucoup la vie des animaux ». « Ours ; tu veux quoi ? ». « Le pouvoir ». « Ah bon ! tu aimes le pouvoir sans toutefois aimer ce qui t'amènera à sa conquête. Oublie l'hémorragie, les rescapés vivront le bon temps démocratique en forêt équatoriale » « d'accord ». En tout cas ! ce fut triste en forêt équatoriale, les animaux étaient contents de malmener et de tuer les autres, prêts à signer des pactes sataniques pour avoir le pouvoir.

La troïka (1)

Les trois parties se retrouvèrent au tour d'une table, discutèrent des processus qui amèneront lion au pouvoir. Il s'agit de : renards, l'autorité des scorpions, lion et son ami ours.

Le renard ancien lança le débat : « Son Excellence autorité de la forêt des scorpions ; honorable lion ; distingués invités à vos titres et qualités. Nous avons le plaisir de vous rassembler dans ce lieu aujourd'hui. L'objectif de cette réunion est de trouver réponse à la crise de la forêt équatoriale, remplacer le serpent boa par le lion présent dans cette salle. Nous étions avec chacun de vous, nous avons réussi le vouloir faire de chaque animal pour y arriver. L'autorité des scorpions à accepter de confier ses scorpions au lion pour conquérir le pouvoir en forêt équatoriale, mais, avec une petite condition que lui-même va parler. En cas de commun accord ; le recrutement de jeunes scorpions commence dans sa forêt ».

L'autorité des scorpions prit la parole, et dit : « Mes chers renards ; honorable lion ; distingués invités. J'ai le réel plaisir de vous accueillir dans ma forêt aujourd'hui. Le point que nous discutons ici, n'est pas nouveau pour moi et lion. Je vis avec lui depuis vingt-cinq ans de son exil politique, il m'en avait parlé, mais l'appui nous manquait pour passer à l'action. Maintenant, c'est un bonheur pour moi d'avoir la présence des renards au milieu de nous. Mais avant de libérer mes scorpions, mon ami lion, doit accepter aussi ma demande. Aucun animal n'ignore que j'ai une forêt plus pauvre en verdure, raison pour laquelle, je demanderai au lion, au cas où il sera au pouvoir ; une partie des verdures de sa forêt. Autre chose, l'honorable lion doit accepter d'aider une partie de mes animaux à trouver les emplois dans sa forêt. Si l'honorable est d'accord avec ces deux exigences, je l'accompagnerai jusqu'à l'obtention de son pouvoir ».

Lion dit : « Son Excellence, l'autorité des scorpions ; chers renards ; distingués invités. La joie pour moi de me retrouver au milieu de mes amis, qui aiment mon bonheur, je croyais être seul ; Mais, aujourd'hui ; c'est le cas contraire, je vous remercie tous. A ce qui concerne mon assistance. J'ai écouté avec attention, l'intervention et les conditions des uns et des autres. Je n'ai pas refusé aucune exigence, et je n'ai pas accepter non plus aucune. Je ne serai pas seul en forêt équatoriale, mais c'est l'ensemble de plusieurs animaux. Je souhaiterais me laisser une semaine pour y réfléchir, par après, on serait encore sur ce lieu pour tirer des conclusions finales ».

Renard ancien reprend la parole : « merci honorable lion ; nous t'avons compris, tu es libre de refuser ou accepter nos propos. Mais, rien n'empêche de t'accorder une semaine comme tu en as besoin, ça sera la dernier, en cas de ta résistance. Notre deuxième et dernière réunion est renvoyée au samedi prochain. Je dis et je vous remercie ». La fin de la réunion.

Après qu'ils aient dispersé ; le renard ancien et l'autorité des scorpions se rencontra à l'égard en train de prendre un verre. L'autorité des scorpions demanda, et dit : « comment tu vois la réflexion de lion ». « Excellence ; lion est libre de choisir sa souffrance soit son bonheur, il y a beaucoup d'animaux affamés en forêt équatoriale qui cherchent le pouvoir. Est-ce tu crois que nous allons mettre nos moyens en jeu pour ne rien attendre de retour ; non, lion est obligé d'accepter nos conditions. Je l'ai déclaré en réunion ; en cas de sa résistance, il ne sera plus notre ami ». « Oui cher renard ; tu sais, je mettrai les moyens animaux en jeu, il y aura de perte de vie, à la place de mes scorpions qui seront tués, qu'est ce qui peut consoler leurs familles. Peut-être, quand ils verront l'abondance des verdures dans notre forêt, les autres animaux engagés aux différents services ». « Tu as raison Excellence ; nous luttons pour convaincre l'honorable lion d'accepter » « je compte sur toi ».

« Honorable ! tu ne vois pas que ces animaux ont pousser le bouchon, les renards réclament une partie de notre verdure, l'autorité des scorpions en exige aussi, jusqu'à demander que ses animaux soient employés en forêt équatoriale ; ça ne peut pas se faire ». « Oui Ours ; je n'ai pas eu le sommeil aujourd'hui à cause de cette question. Mais, ces conditions forment un pont obligatoire qu'il faut traverser pour arracher le pouvoir de l'autre rive, les dévier ; effaçons dans nos tête qu'un jour nous aurons le pouvoir en forêt équatoriale ». « Ah ! les choses que tu me parle est compliquées maintenant ; notre richesse sera divisée en trois parties. Et que sera le budget de la forêt équatoriale ? Que diront aussi les animaux de la forêt équatoriale, s'ils voient les scorpions œuvrant au sein de nos institutions tant que nous prônons la liberté de la forêt ». « Oui Ours ; je te comprends bien, acceptons d'abord sans beaucoup de questions, au moment où nous aurons le pouvoir, nous verrons ce qui sera bon à faire. Pour les animaux en forêt équatoriale, nous leurs imposerons d'abord les conditions qui nous amèneront au pouvoir. Et nous verrons petit à petit avec la stabilité du pouvoir comment nous débarrasser ». « Ok, c'est bon. Mais, attention avec les renards, une fois que tu signes avec eux un contrat, ne renonce jamais ; honorable c'est la mort ! le serpent boa était leur inséparable, aujourd'hui, il est rejeté et d'ici peu il sera renversé. Il faut savoir vivre avec ces bêtes »

La troïka (2)

Le renard ancien commença, et dit : « chers animaux ; la réunion prendra son allure à partir de la décision de l'honorable lion, selon les dires de la fois passées. Honorable vous avez la parole ».

Lion répondit : « Excellence autorité des scorpions ; chers renards ; j'accepte vos propos. Je suis obligé de récupérer la forêt équatoriale, libérer les animaux qui souffrent matin soir de la dictature implantée, depuis vingt-cinq ans ».

Le renard ancien reprit la parole, et dit : « chers animaux ; nous avons tous compris la décision du lion. Maintenant, la charge revient à l'autorité des scorpions pour mettre à notre disposition deux mille cinq cent scorpions, afin de commencer les actions ».

Autorité des scorpions dit : « chers animaux ; je ne sais comment exprimer ma joie, pour notre amitié avec l'honorable lion, je vous promets les jeunes scorpions disponibles dans un mois. Deux mois des actions, l'honorable lion sera au pouvoir en forêt équatoriale ».

Depuis vingt-cinq ans, lion quitta la forêt équatoriale, ne parla jamais. Mais, ce jour-là ; avec l'assurance de renards et l'autorité des scorpions, passa au média, annonça aux animaux de la forêt équatoriale, son retour musclé, prêt à chasser le serpent boa au pouvoir : « Vous avez beaucoup souffert, il est temps de libérer notre forêt dans cette conspiration diabolique. Tout le monde doit respirer le bonheur de la richesse, en forêt équatoriale. Je demande le soutien, il y aura les actions de grande envergures, pas pour tuer les habitants de la forêt équatoriale ; mais, effacer la présence d'un animal sans compassion, qui a pérennisé les autres dans les misères. A vous les fourmis défenseurs de notre forêt ; je vous prie de lâcher sans condition le serpent boa, il ne s'occupe pas de vous, quel que soit le service que vous le rendez. A mon tour ; vous serez les animaux heureux sur la planète terre. Quant au serpent boa ; il n'a qu'à déposer l'étendard de notre forêt avant qu'il soit coupé en morceau et jeté dans la géhenne. Chacun pour soi ».

Créa la nouvelle actualité en la forêt équatoriale. Tous les animaux en parlent : « On croyait que lion et son ami ours ont été tués ». « Non ; ils étaient en maquis, maintenant-là, le serpent boa va sauter avec sa dictature ». « Nous, nous le soutenons à la dernière énergie ». Toute la forêt se contenta de la sortie médiatique du lion. Comme d'habitude ; les animaux en forêt équatoriale embrassèrent presque tous les discours ; surtout s'il s'agit de la proposition de leur sortir dans la famine. La faim, chaumage régnèrent au sein de cette forêt. Les animaux préfèrent d'être dirigés même par un démon, de façon que tout ceux-ci prennent fin. A force d'attendre l'engagement étatique ; ils étaient devenus incapable de se créer un revenu. Ils furent debout !

debout, pour l'entrée du lion, disaient : « cette fois-ci ; nous serons libres de manger, comme il faut ».

Les animaux rassasiés au tour du serpent boa

« Excellence ; nous avons tous, entendu les propos décisionnels du lion. Nous sommes ici pour voir dans quelle mesure nous pouvons stopper bien avant cette hémorragie ». « Non ; ne vous inquiétez pas, lion se dérange, il va se gratter, jusqu'à se blesser. Que chacun de vous, s'occupe de ses taches, s'il ose mettre ses pattes dans cette forêt ; il saura de quel bois je me chauffe. Et puis, quel est le service de fourmis et serpents venins ; la défense de notre forêt ». « Ah bon ! Excellence ; lion n'est pas un animal à côté, il est ferme dans ses décisions, ce ne sont pas les choses à négliger, les animaux de notre forêt le soutiennent à cent pourcent ». « Oui ; mais, n'ayez pas peur ».

Lion et ours

Les deux collaborateurs s'échangèrent sur le partage de leur pouvoir : « honorable ; tu te prétends être président en forêt équatoriale au cas où le serpent boa sera reverser, alors moi ». « Oui ; ta position sur ma langue, la réponse que j'ai trouvée est la meilleure. Nous serons obligés de consolider le système de la défense, pour se protéger contre tout intrus. Je te propose être l'animal en chef des scorpions et fourmis. Quand nous commencerons la progression vers la forêt équatoriale ; c'est toi qui sera le commandant des opérations » « est-ce, je ne conviens pas d'être premier ministre ». « Non ours ; vu ton âge, ta vivacité, accepte de tenir d'abord notre défense, sinon, nous risquons d'être trahis si tôt, si nous confions la force à un tiers animal » « une bonne idée, mais, au niveau d'avantage ; je ne trouve pas l'animal en chef au succès, voilà comment le serpent boa maltraite les fourmis ». « Non ours ; le pouvoir nous appartiendra tous les deux, quelle que soit la fonction que tu joueras, tu auras les mêmes avantages que moi, sauf l'honneur » « d'accord, à toi de tenir ta parole. Nous, les animaux de la forêt équatoriale, nous sommes infidèles à nos paroles, surtout quand nous nous trouvons dans la classe des animaux rassasiés ». « Oui ; ne me confonde pas, je suis ton ami de longtemps, considéré comme ton père, je ne ferai rien de bordel ».

Après un mois

Lion à la résidence de l'autorité des scorpions pour récupérer les éléments comme convenu à la réunion. « Cher lion ; notre accord pendant la réunion fut oral, avant de te confier mes scorpions ; nous devons signer les pactes écrits ; lui exigea l'autorité des scorpions ». « Ok ; je n'ai pas oublié ma signature, établissons le document ». Les animaux en forêt équatoriale, furent les premiers signataires des conventions sur la terre, sans tenir compte de conséquence, à l'avenir. Surplace l'autorité des scorpions présenta les éléments en présence du renard en ancien. Avant de déclencher les opérations, lion lança un cri de pression au serpent boa : « j'ai beaucoup attendu la décision patriotique, croyant qu'il va laisser le pouvoir en paix, se montrait orgueilleux, continue ses actes inhumains en forêt équatoriale, maintenant ; j'engage la force, puissance. A tous les animaux, de me prêter main forte, pour la libération de notre forêt longtemps assujettie par ce démon ».

Tous les bruits du lion à l'extérieur de la forêt équatoriale, le serpent n'en considéra pas un problème, il fut fier de sa puissance et ses relations. « Oh ! ancêtre ; je ne t'attendais pas aujourd'hui ». « Je n'ai pas de temps prévus ». « Ça aussi ». « Mon petit boa ; l'affaire que tu négliges est sérieux, si tu ne prends pas tes dispositions défensives ; d'ici là, tu seras limogé comme une petite sauterelle ». « Oui ancêtre ! merci d'être venu, dévoile les choses cachées à ton serviteur ». « Moindre bêtise ; tous les animaux te nieront ». « Mais, quelles sont les mesures à prendre ». « Mon petit boa ; débrouille-toi, je t'ai appris beaucoup de choses, tu ne veux plus les appliquer ». « Pardon ancêtre ; ne lâche pas ton serviteur dans l'obscurité ». « Ok ; soit calme, mais réveille-toi, l'heure est grave ». « Merci ancêtre, ta suprématie me rassure ».

Le serpent boa convoqua ses collaborateurs, et leur dit : « réveillez-vous, l'heure ne pas à dormir, que chacun contribue à la défense de notre pouvoir avec ses capacités physiques, intellectuelles ». « Excellence ; améliore les conditions de vie de vos fourmis ; ton pouvoir sera protégé ; intervint ». « Tu la ferme ! toi et tes fourmis ; vous avez le devoir de défendre l'intégrité de notre forêt, jusqu'au sacrifice suprême, pas de m'exiger la vie ». « A vos ordres ! ». « Ok ; je te mets en garde, dès aujourd'hui, que toutes les frontières soient tenues, il faut multiplier la vigilance à l'intérieur de la forêt, le jour où lion mettra ses pattes dans cette forêt, tu mourras ». « Je suis soumis à vos ordres, Excellence ». L'okapi, l'animal rassembleur, présent dans cette salle, proposa, et dit : « Excellence ; pourquoi n'est pas opté la voie de dialogue au lieu de la violence ». « Non ; je n'aurai pas une minute à perdre pour dialoguer avec les malintentionnés ». Les animaux burent de l'eau à travers l'aiguille.

Ordonna ours de sensibiliser les scorpions, décolla la marche ; à son tour, dota les dispositifs nécessaires au combat à tous les éléments, commanda l'ordre de progression. A la frontière de la forêt équatoriale ; ils tombèrent dans une embuscade tendue par un bataillon organique de fourmis. Deux jours d'échange de tir, ours se retira avec perte de trente-sept scorpions. « La force du serpent boa est incroyable ; déclara Ours ». « Ne faut pas se décourager, le pouvoir s'arrache ; lui répondit lion ». Tenta pour la deuxième fois, rencontra un feu nourri. Lion retourna chez les renards, renouvela les stratégies.

Le renard ancien, convoqua tigre ; et lui dit : « cher ami ; je compte beaucoup sur toi dans cette forêt, mais, nous ne pouvons pas délaisser tous les animaux mourir de faim à cause d'une seule bête. Lion a de bonnes intentions, c'est aussi un animal originaire de la forêt équatoriale. Conscientise les animaux, facilitez-lui le chemin d'entrée pour chasser cette dictature, sinon ; serpent boa transformera cette forêt, son royaume de souffrance ». « Ok renard ; ce que tu me demande n'est pas compliqué, mais, qu'est-ce, je gagnerai en revenge ». « Oui ; lion tient beaucoup à toi, le jour où il sera au pouvoir, tu seras son premier ministre, tu es le seul qui connais la précision de la forêt équatoriale, la sagesse de notre forêt ». « Waouh ! si c'est comme ça, donne-moi deux jours de réflexion ». « Tigre à accepter de te préparer le terrain pour y accéder, à une condition » « laquelle » « le fauteuil du premier ministre ». « Oui ; tigre n'a pas de concurrent à ce poste, avant qu'il ne parle ; je le proposais déjà dans mon cœur ». « D'accord, prépare mieux tes éléments ».

Le meeting

Tigre rassembla les animaux, et leur annonça la fin du règne de serpent boa : « la libération de la forêt équatoriale, la dictature que vous vivez aujourd'hui, vous ne la vivra plus demain. Tout comme le serpent boa qui s'appelle roi de la forêt équatoriale ;

ne sera plus dans peu de temps. Vous vous posez la question ; comment ça se passera ? Oui, vous êtes au courant de la sortie médiatique du lion ; c'est un animal originaire de cette forêt, il a réussi la force divine pour chasser le serpent boa. Je vous demande de l'ouvrir toute les portes d'entrée dans notre forêt, de l'accueillir avec joie, il sera pour nous, une solution au chao qui détruit la forêt équatoriale et ses habitant ». « Si tigre, un animal sage, intelligent, opposant radical, se rapproche du lion ; il trouve en lui, un exploit ; discutèrent les animaux après le meeting ».

Reçut du fumé blanc, ordonna son ami ours, d'attaquer pour la troisième fois les fourmis. Il paya tous les scorpions, les distribua la ration de campagne, les armes et minutions au grand complet. Partirent avec des chansons de victoire : « scorpion ! prêt... scorpion ! prêt... scorpion ! prêt pour arracher le pouvoir ». Cessèrent les chansons, lorsqu'ils approximèrent du champ de batail. Eveillé de ne plus retomber en embuscade ; commanda la progression en tirailleur. A quatre cent mètres, la fourmi observatrice découvrit leur avancement vers la position, informa la fourmi en chef, sans retard, ordonna la disposition de combat. La forêt équatoriale étant touffue ; elles attendirent jusqu'à cent cinquante mètre pour déclencher les tirs. La puissance de feu intensifiée par les fourmis, poussa d'arrêter ours avec les mains pour l'égorger. Constata cette force ; Ours ordonna ses éléments de reculer pour récupérer le souffle ; contrôlant les scorpions, il se rend compte qu'il avait la perte de dix-huit dans trois heures de combat. Il appela honorable lion au téléphone ; celui-ci, l'autorisa d'engager le combat retardateur pour attendre son appui. Décida de descendre, en personne au champ de batail. « Nous ne pouvons plus rentrer là où nous sommes venus. Trois fois, nous reculons devant les fourmis, cette fois-ci, efforçons-nous de récupérer une partie de la forêt qui nous servira l'installation de notre quartier général ; déclara lion ». On lui apporta le renfort de huit cent éléments par l'autorité des scorpions, les renards lui ajoutèrent deux cargaisons d'armes et munitions, ration froide. Enclencha l'offensive avec plénitude de feu, obligea des pertes énormes au camp adverse. La fourmi en chef commanda ses éléments de laisser place. Lion et son troupe récupérèrent une partie de la forêt équatoriale, plastronnèrent leur Etat-major.

Cette opération bougea la tête du serpent boa, convoqua la fourmi en chef ; tacla cette dernière, même pas lui autoriser de prendre la chaise : « justifie-toi, sinon ; je te coupe la tête, tout de suite » « mes respect Excellence ; ils nous ont envahi en grand nombre, avec des matériels sophistiqués. Les fourmis sont affamées au front, découragées par les promesses non réalisables ». « Tu la boucle ; pourquoi tu n'as pas demandé le renfort plutôt, tu as quarante-huit heure pour déloger cette bête de lion ». « A vos ordres Excellence ; fais-moi confiance, dès demain, tu auras de nouvelles » « tu as intérêt ».

La fourmi en chef à la résidence du tigre

« Fourmi en chef ; pourquoi tu t'épuises pour protéger un animal sans compassion. Tu gagnes quoi dans serpent boa, le salaire honorifique, tu n'en as pas, vos familles, sans abri. Défendre l'intégrité territoriale, c'est bien, combattre pour le développement de notre forêt ; c'est aussi très bien. Lion étant notre compatriote, facilite-lui l'accès, il va vous occupez mieux que le serpent boa ». « Oui ; je t'ai compris, sache-le, nous, nous sommes fidèles à notre serment ; obéissance jusqu'au sacrifice suprême ». « Mon cher ami ; souviens-toi, le sort de ta famille après ce famé sacrifice suprême. Demande à tes fourmis de déposer leurs armes, c'est pour le bien de nous tous » « je gagnerai quoi » « tu garderas ta fonction, cette fois-ci, dans les conditions ». « Ok ! je vais y réfléchir ».

Ce fut l'occasion pour les renards et les scorpions, exploitèrent les mineurs en désordre à la première partie occupée par lion et ses acolytes. Aucun originaire ne put parler, faute de quoi ; on te tue. Cette ambiance encouragea l'autorité des scorpions, libera toute sa force pour asservir la forêt équatoriale dans son entièreté.

Le serpent boa invoqua son ancêtre dans sa chambre avant de réengager ses fourmis : « Mon royaume est partagé, vient me dévoiler ce qui se cache » « mon petit boa » « merci ancêtre pour ta disponibilité » « petit, un traitre commande ton opération » « dieu de mes grands-pères ! prophétise ancêtre » « c'est ta fourmi en chef ; si tu veux vivre encore ton pouvoir ; élimine-la ». « Ah bon ! mon animal de confiance » « Qu'est-ce, tu connais mon petit, exécute ce que je te demande, mais, la trahison pour toi, est à haut niveau » « pardon ancêtre ; ancêtre ! ancêtre ! ». « Ah ! à quoi, j'ai offensé cette bête pour comploter à mon sujet. Est-ce ; l'ancêtre à taper à côté, peut-être ; continua la réflexion du serpent boa seul ».

Dès l'aurore, la fourmi en chef à la résidence du serpent boa : « Excellence ; c'est chaud au front, nous seul, je n'espère pas la victoire » « dieu de mes grands-pères ! toi, qui est sensé d'encourager tes éléments, tu me dis ça ». « Excellence ; c'est une question de planification... » « tu la ferme ; quelle planification, ainsi tu complote pour me tuer » « non ! non ! mon chef, loin de moi cette idée » « ok ; je vais te montrer que ; le serpent boa est le même hier, aujourd'hui et éternellement ». « Excellence ! excellence ; pardon, je ne suis pour rien » « considère toi que tu es mort ; dis ton dernier mot ». Surplace, ordonna à ses fourmis rapprochées de la tuer. Pas moyen de silence à cause des hostilités en forêt équatoriale, lui remplaça par une autre fourmi en chef dès le même jour.

. « La situation est compliquée maintenant ; la fourmi en chef qu'on espérait compagnon de lutte, vient d'être remplacée et disparue même ; regretta Tigre devant le renard ancien » « c'est vrai ça » « Oui ; il ne décroche pas son téléphone ». « Oh là ! ça devient difficile à vaincre cette dictature. Tu es l'ancien collaborateur, le plus proche du serpent boa, la vérité de sa puissance se cache où ». « Oui ; je réfléchie aussi sur cette question, mais, je n'ai pas encore eu solution » « fais quelque chose » « oui ; lion doit continuer à maintenir la pression, nous n'allons pas baisser nos éponges » « honorable ; l'unique solution est d'interrompre sa relation avec la nouvelle fourmi en chef » « oui ; nous sommes à la quête d'un résultat qui tienne ».

L'okapi, l'animal rassembleur, lutta, rassembla le serpent boa et lion dans un pourparlers, chacun devrait présenter son cahier de charge pour éviter le jaillissement du sang en forêt équatoriale. « Je vous ai toujours dit ; notre faiblesse en forêt équatoriale, est la division qui continue à qu'agrainer au milieu de nous. Aujourd'hui, trouvons compromis au conflit qui désuni vos opinions » « ok ; je suis prêt à cesser le feu, à condition que, le serpent boa accepte de démissionner à la tête de notre forêt » « est-ce, tu lui protègeras au cas où, il te préposera » « sans problème, il aura tous ses avantages d'un ancien président ». « Non ; quand je vois comment lion et son troupe ont saccagé la partie de la forêt équatoriale qu'ils ont conquis ; ça ne me donne pas le courage de le confier le pouvoir ». « Ecoutez mes amis, cette forêt n'est pas une propriété privée. Excellence ; tu as longtemps dirigé, pour moi, tu devrais remettre le bâton de commande à l'honorable lion ». « Non okapi ! je suis au pouvoir jusqu'à tel point qu'il y aura un animal instruit, reconnu de bonne mœurs et vie ; celui-là me succèdera sans dialogue » « vierge marie ! si c'est comme ça ; moi lion, j'allumerai le feu dans cette forêt ». « Oui mes chers animaux ; maitrisez-vous, je redonne la parole à son Excellence serpent boa ». « Ok okapi ; accordez-moi une semaine, je vais d'abord demander à ma femme, si elle me permet de vous remettre le pouvoir, je le ferai » « vierge marie ! la présidence de la forêt équatoriale appartient à ta femme ; là mon ami, je ne supporterai jamais, s'il s'agit de morceler la forêt, on est prêt. Au revoir. La réunion se partagea à queue de poisson. Lion retourna tout fâché, rendra compte à tous ses collaborateurs, et leur dit : « il n'y a pas du bon qui peut sortir dans serpent boa, il nous faut toujours la force. Cette bête me demande d'attendre la décision finale de sa femme, pour discuter la passation du pouvoir » « vaut mieux se poser encore une question ; les renards peuvent conspirer en même temps avec nous et serpent boa » « loin de là Ours ; les renards sont avec nous à cent pour cent » « Alors d'où vient la persistance de cette bête ». « Oui ; c'est une question de temps aussi, mais sache mieux que nous aurons le pouvoir ». « Je suis impatient de voir ce beau jour-là s'accomplir ».

Tigre mena la guerre psychologique à l'intérieur de la forêt équatoriale, rencontra la nouvelle fourmi en chef, et lui dit : « si tu es patriote de cette forêt, si tu as la compassion de tous les animaux qui souffrent chez-nous ; je te prie de lâcher le serpent boa, un animal sans cœur. Souviens-toi de tes prédécesseurs ; aucun d'eux n'est en vie ! tu connais la source de leur mort. Voilà aujourd'hui, même les animaux non-originaires sont prêts à nous aider pour se débarrasser de lui. Ne cédons pas à la violence » « d'accord ; tu auras ma position après ».

Serpent boa pleura

Dans sa chambre, invoqua son esprit : « Ancêtre ; j'ai besoin de toi, viens me dire ce que je dois faire à l'allure où vont les choses » « mon petit boa ; je n'ai plus confiance en toi, tu m'as offensé ». « Pardon ancêtre ; qu'ai-je fait » « tu la ferme ; tu as l'audace de m'appeler ta femme, en présence de tes amis, suis-je devenu ton épouse » le serpent boa raisonna à quand il avait commis cette faute, se retrouva à la dernière réunion de l'okapi. Se lamenta devant son esprit. « Veuillez m'excuser ancêtre, c'était pour cacher mon secret à l'okapi et lion ». « Ecoute-moi bien petit boa ; désormais, tu n'as plus le pouvoir, aucun animal ne te sera assujettit dans cette forêt, mais comme tu m'as servi longtemps, ta place est bien réservé au monde pandémonium » « Pardonne-moi ancêtre, je ne veux pas mourir ». Le démon s'éclata de rire et disparut. Continua de pleurer dans son salon ; son enfant de vingt-six ans, lui trouva à cet état, demanda : « Papa ; es-tu malade » « non ; l'honneur mon fils » « soit clair mon père » « oui ; je ne suis pas content d'être président d'une partie de la forêt équatoriale » « papa ! papa, pourquoi tu tiens toujours à te maintenir au pouvoir ; nous avons tous ceux qu'il faut pour survivre, ton âge est avancé, vingt-sept ans président de cette forêt. Permets aux autres de diriger, occupons-nous de nos affaires privées » « ah ! jeune bête ; tu es parmi ceux qui complotent pour m'éliminer ». Tira trois coup de balle sur son fils, sa femme entra pour se procurer de la situation ; pleura et injuria son époux. Il sauta sur elle, coupa son sein. Les fourmis rapprochées ont eu peur d'approcher leur chef. Ce fut du sang partout au salon, les chaises mouillées. « C'est mon premier fois, depuis ma naissance, j'ai vu un serpent absorbé un serpent ; s'exclama l'une des fourmis ».

Le serpent boa se vit à l'état de faiblisse, abandonné par son ancêtre ; adressa une lettre au renard ancien. « Cher renard, comme vous ne voulez plus m'assister, je compte passer le pouvoir au lion, l'unique chose que je vous demande ; c'est le refuse ». « Excellence ; soit tranquille, il n'y a rien de pire qui t'arrivera, lion n'a aucune force de te ravir le pouvoir ; sensibilise tes fourmis comme d'habitude, nous t'apporterons l'appui logistique ». La repose de renard encouragea le serpent boa, se presta d'appeler la fourmi en chef à sa résidence, et lui dit : « organise tes troupes, vous avez septante deux heure pour déloger lion. D'ici deux jours, nous aurons le ravitaillement venant de renard ». « Excellence ; j'ai choisi la voie de la paix au lieu de la turbulence. Tu es compté parmi les milliardaires sur cette planète, réjouis-toi de cette opulence ». « Non ! non, je rêve ou quoi ; la fourmi que j'ai nommée comme mon défenseur, tu veux me payer en monnaie de singe, si tu ne neutralise pas cette bête-là, dans les heures qui suivent, tu ne vivras pas son temps » « d'accord, comme tu insistes, je recommencerai les opérations ».

Au front, la fourmi en chef donna l'ordre à toutes les fourmis de sembler combattre, se rendre à la force adverse, abandonner les armes de la guerre au profit du lion, lui permettre l'accès libre en forêt équatoriale. Le serpent boa attendit l'appui du renard ; aucune réaction. Beaucoup d'autres animaux rassasiés fuirent la forêt, la faiblesse des fourmis au front les effrayèrent. Lion et son troupe progressèrent en forêt sans obstacle. Serpent boa se décida d'aller combattre avec eux avant qu'il soient au centre de la forêt équatoriale, son directeur de cabinet lui déconseilla vu son âge. « Au lieu d'aller au front ; il faut plutôt quitter la forêt, déclara sa femme et ses enfants » « non ; comme vous m'interdisez d'engager le combat corps à corps avec lion ; je l'attends au centre ». « Excellence ; ne te ridiculise pas, il te tuera, en cas de résistance » « ok, vous aurez ma position après ». L'équipe adverse arriva à trente-deux kilomètres du centre de la forêt, ses collaborateurs lui supplièrent de s'éloigner. « Oui ; j'accepte de partir à une condition » « laquelle, Excellence » « éliminez-moi la fourmi en chef, cette bête ma trahi ». Posa cette préalable à dix heure, à seize heure ; on lui apporta le message de la mort de cette dernière. Quitta la forêt équatoriale à cinq heure du matin, à quatorze heure, lion piétina le centre et s'autoproclama président du foret équatorial. Quelle joie des animaux, dansèrent, chantèrent, dirent : « nous sommes libérés de la dictature imposée pendant vingt-sept ans, à dieu la faim, la misère, l'obscurité ; nous avons un président, qui saura prendre en compte, les besoins de chaque animal ».

Deuxième partie

LION AU POUVOIR

« J'ai eu le gâteau longtemps préféré, je le mangerai avec appétit ; seul lion se réjouit dans une chambre de l'hôtel ». Cet animal se proclama gant de la forêt équatoriale, tous les animaux l'accueillirent avec des chansons d'allégresse. Ils se dirent les uns, les autres : « nous sommes libérés de l'inconscience politique, pas question d'inégalité ». Ce fut la tâche du lion de rassembler tous les animaux et organiser des choses qui ne marchèrent pas en forêt au temps de ses prédécesseurs.

La prise de contact

Avant la sortie de son gouvernement, lion choisit d'écouter l'un et l'autre en forêt équatoriale. Le premier fut tigre, rencontra la nouvelle autorité. Dans leur causerie, le félicita et le souhaita le bon service à la tête de la forêt équatoriale. Continua, et lui dit : « Excellence ; nous sommes remplis de joie pour ton accession au pouvoir. Sache que tu es l'espoir de tous les animaux, surtout originaires de notre forêt. Evite les mêmes erreurs que le serpent boa. Considéré comme la main du ciel au début de son règne, changea tout du coup. Attention avec les renards, tous leurs discours, tournent au tour de l'exploitation illicite de nos matières premières ». « Merci ; fière de me retrouver devant un animal sage comme toi, je suis reconnaissance de ton soutien. Tu m'as assisté depuis ma démarche, jusqu'à la prise de mon pouvoir. Nous travaillerons main dans la main pour retentir la voix de notre forêt, au niveau nation, supranational et l'international. Notre souci est de voir tous les animaux vivre la joie ».

Lion raconta à son ami Ours tout ce qu'ils avaient causé. « Excellence ; tigre a l'espoir qu'il sera ton premier ministre. Alors, avec les accords que nous avons signés, comment cela se passera ». « Oui mon ami ; je n'ai pas signé aucune convention avec lui, les renards sauront s'en occuper. Nous ne pouvons pas trahir nos parrains dès le début, sinon ; l'autorité des scorpions ne sera pas joyeuse. Travaillons d'abord comme convenu dans la troïka ». « Excellence ; je ne veux pas perdre la confiance des animaux en forêt équatoriale ». « Oui, c'est ça aussi mon ami, je ne veux pas non plus perdre la confiance de l'autorité des scorpions. Et n'oublie pas que nous sommes au pouvoir, grâce à sa force » « mais, il nous faut plus d'intelligence pour jouer ce jeu » « il n'y a rien, nous sommes protégés de gauche à droite ».

« Ma chérie ; je viens de quitter la présidence tout de suite » « tu es chaud, chéri ; il t'a accordé l'audience ». « Oui chérie ; nous avons pris une heure de causerie ». « Ah ! dis-moi » « chérie, cette fois-ci, nous avons l'espoir d'accéder à la haute fonction, il tient à me nommer son premier ministre ». « Ah ! Dieu merci, encore une fois dans la classe de rassasiés » « oui ; les biftecks couleront dans notre maison ». « Mais chéri, n'oublie pas mes deux cousins » « quels cousins, les deux bêtes sans qualification ni diplôme, les placez à la tête d'une entreprise publique » « j'ai été contre de tes logiques, tous les animaux qui assument des fonctions dans cette forêt, sont tous diplômés d'Harvard » « oui ; ma chérie, calme toi, je ne veux pas que tu te fâche, voyons l'évolution ».

Les anciennes fourmis de la forêt équatoriale avaient peur du lion comme ils venaient de se combattre. Ce dernier ordonna à son ami Ours de convoquer la parade générale où se retrouvera tous les fourmis et les scorpions. Ours exécuta, lança le message partout aux médias. Le matin à huit heure, mise en placer terminer, tout le monde fut déjà présent en attente du lion. A quatorze heure le président passa troupe en revue, parla en ces mots, après ses honneurs : « Je suis joyeux de vous voir venir nombreux, à vous les fourmis, ne soyez plus effrayés. Je suis le président de tous les animaux qui vivent en forêt équatoriale et vous êtes la force et la fierté de notre forêt. Désormais, vous allez prester ensemble avec les scorpions, il n'y aura plus la différence. Voici vos chefs ». Lion nomma un des scorpions à la tête de la défense nationale comme l'animal en chef et Ours devient son adjoint en forêt équatoriale. La raison du plus fort est toujours la meilleure. Les fourmis à la parade sans aucun moyen de répliquer. Elles murmurèrent entre eux : « le président a commis une faute grave ; confier la défense de notre forêt à un animal non originaire. Vaut mieux Ours que celui-là. Mais, il n'y a pas moyen de changer le chef à décider ».

Après la parade, le soir à dix-huit heure, il publia le gouvernement provisoire composé de quatre-vingt ministres ; soixante pourcent des scorpions et quarante pourcent des animaux originaires de la forêt équatoriale, à l'exception du tigre. La joie s'arrêta à ce moment en forêt. Toute cette nuit-là, la population animale se poser que des questions : « lion est au pouvoir pour notre bien-être ou notre malheur, Nous pleurons le chômage dans cette forêt, lui confie des responsabilités à des animaux non originaires, comme si, nous n'avons pas les bêtes compétentes dans cette forêt ; En tout cas, il faut que tigre et ses amis regardent mieux ce problème, cet animal risque de vendre notre forêt ». Quand les cœurs des animaux brulèrent dedans, les scorpions et les renards joyeux, ils se lancèrent dans l'exploitation des verdures en forêt équatoriale. L'autorité des scorpions, installa les industries de transformation des matières brutes chez-lui. Ce qui ne se trouve même pas en forêt d'où vient les verdures, cela justifia la mauvaise intention des renards ; ne voulurent pas le développement de la forêt équatoriale. « Comme tu as honoré ta parole, tu seras président toute ta vie ; à ta disposition, tout mon soutien et celui de renards ; dit-elle l'autorité des corps ».

Une semaine après la promulgation du gouvernement, tigre à la présidence. « Excellence ; nous savons que, tu as tout pouvoir de mettre qui tu veux à la place de ton choix, mais, ce n'est pas bien de remplacer les autochtones par les étrangers. Tu es le garant de la forêt équatoriale, pour servir les animaux qui s'y trouve. Les scorpions t'ont aidé à renverser la royauté du serpent boa, cela ne leur donne pas le droit d'accéder aux hautes fonctions dans notre forêt ». « Oui tigre ; ce que tu dis, est vrai, mais, tu dois savoir une chose, les scorpions sont mes amis qui m'ont accompagné du début à la fin dans cette lutte, je ne pouvais pas les rejeter à mon tour. Et puis, le gouvernement que nous avons aujourd'hui, est appelé provisoire ; ce que signifie qu'il y aura un gouvernement proprement dit, auquel vous allez participer vous tous » « Excellence ; ce n'est pas mal jusque-là, est-ce, tu ne peux pas demander aux scorpions combien leur accompagnement coute ; on peut les payer et ils rentrent chez eux ». « Tigre ; laisse-moi d'abord tranquille, ne m'induit pas en erreur de me débarrasser sitôt avec mes parrains. Laissons le temps au temps. Je sais que tu as besoin de ton poste de premier ministre, tu en aura. Toi-même tu es témoin que je n'ai pas nommé un chef du gouvernement » « mais, si tu ne dépêche pas, de te débarrasser avec ces hypocrites, tu ne t'en sortir pas à un moment ».

Les scorpions volent, violent, saccagent la forêt équatoriale ! les renards à leur côté font la même chose. Jusqu'à deux ans de son pouvoir, tous les animaux originaires désavouèrent lion. Les animaux en forêt équatoriale réfléchies avec un retard de dix ans ! c'est alors qu'ils raisonnent les bienfaits du serpent boa, les uns les autres : « à l'époque de serpent boa, les choses ne furent pas ainsi, deux ans de malheur partout ; est-ce tigre et les autres politiques voient cette transformation. Ah ! si le serpent boa était en vie, il devrait continuer son pouvoir. On était affamé, mais pas violé, massacré par les étrangers ».

Ours constata la souffrance et les rumeurs des animaux, réveilla l'esprit de son chef : « Excellence ; la forêt équatoriale est malade, à notre entrée, la forêt nous a bien accueilli, maintenant où je vous parle, nous n'avons plus aucune valeur dans cette forêt. Il faut faire quelque chose pour restaurer notre confiance » « tu veux qu'on fasse quoi ». « Excellence ; bien sûr que les scorpions sont nos parrains, mais, ils ont exploité beaucoup notre forêt, aujourd'hui, l'autorité des scorpions à installer les industries qui n'existaient pas chez-lui, la forêt équatoriale a gagné quoi, depuis notre accession au pouvoir, rien ; c'est pourquoi, tigre avait raison, ces scorpions doivent rentrer chez eux ». « Mon ami : accorde-moi un petit temps de réflexion avant de conclure ».

La rencontre de tigre et renard ancien.

Miaula toute la journée à la résidence du renard ancien, et lui dit : « renard ; même Satan n'est pas hypocrite jusqu'à ce niveau. Pourquoi vous êtes infidèle à vos paroles, aujourd'hui la forêt équatoriale n'est pas ce qu'on attendait. Mais vous, vous êtes content d'exploiter nos verdures. Vous avez poussé loin, accepter la nomination des scorpions aux fonctions régaliennes de notre forêt ; c'est méchant de votre part. Je vous demande de conseiller lion, pour qu'il s'en souvienne de notre convention, sinon ; la tempête arrive ». « Merci tigre ; garde patience, je te le promets, tu seras satisfait, je vais m'impliquer moi-même ». « Ok ; vous avez intérêt, sinon, vous aurez du séisme que vous ne saurez pas stopper ».

Initia le meeting intitulée "non à la néo colonisation" pour toute la forêt. Mais, cette fois-ci, beaucoup d'animaux refusèrent de répondre à son appel. Ils disaient : « tigre est le seul qui nous a demandé d'ouvrir le chemin au lion libérateur de la forêt équatoriale, de quoi vrai, nous dira-t-il ». A ceux qui avaient rehaussé leur présence ; il se repentit d'avoir sensibilisé toute la forêt pour accueillir une bête sans intelligence, qui a vendu sa souveraineté à cause du pouvoir. demanda à tout le monde d'être vigilant et debout pour chasser la nouvelle dictature. Les exhorta à la prise de conscience pour trouver solution aux problèmes de leur forêt.

« Vierge marie ! tigre veut jouer de moi, s'il a blagué avec le serpent boa à son époque, pas moi. Scorpion en chef » « je suis là Excellence ». « Arrête-moi cet animal dans les quarante-huit heures qui suivent ». « A vos ordres ». Ce dernier organisa son équipe et descendirent à sa résidence, lui trouvèrent assis dans son véranda, sans brutalité, le scorpion en chef lui dit : « tu es voulu par le président ». « Ok ; je vous sus à tout à l'heure ». « Non ; partons ensemble ». « Scorpion ; accorde-moi deux minute » « Dans ce cas ; prépare-toi et nous t'attendons ici » « comme tu veux ».

Il entra dans sa chambre, et sa femme lui demanda : « chéri ; pourquoi tant de scorpions et fourmis, chez nous ». « Oui ; ils sont envoyés par leur chef pour m'appeler ». « Hum... ! est-ce, tu as bien vérifié ça, c'était hier que tu as tenu le meeting, aujourd'hui, tu reçois l'appel urgence ; je ne suis pas convaincu que tu pars chez lion ». « Ma chérie ; calme toi, c'est une simple causerie Il n'est pas plus que serpent boa que j'ai combattu toute sa vie ». « Vas, mais, sois prudent chéri ». « Ok ; mon amour, je reviens tout de suite ». Le scorpion en chef, le présenta à son Excellence. Voudra sortir ; lion lui dit : « sois là, toi et ton équipe, à prêter un moyen de transport pour déposer cet animal loin de la forêt équatoriale. Qu'il ne rentre même pas chez lui, tout de suite ». « A vos ordres ». Ils transportèrent tigre comme un colis, en dehors du centre de la forêt. Lion respira en profondeur, et dit : « Oh ! maintenant, la forêt est devenue normale, s'il s'agit d'amener toute sa famille, on va le faire. A dieu sa présence ici ».

Depuis dix heure, tigre à la présidence, jusqu'à dix-neuf heure, aucune nouvelle, il ne rentra pas à son domicile ; sa femme s'inquiéta, se dit : « Il me faut les informations nécessaires, la situation de mon chéri, chez lion est floue ». Se dirigea à la résidence du lion ; à vingt heure, les barrières fermées, comment y entrée, elle essaya de demander aux fourmis et scorpions qui étaient au portail ; les uns lui répondaient qu'il était à l'intérieur depuis son entrée, et les autres lui disaient ; ils étaient sortis accompagner de scorpion en chef. Retourna à son domicile sans aucune précision. Et toute la nuit, chez tigre, ce fut le deuil. Beaucoup d'autres animaux se rassemblèrent là. Lancèrent les cris, en train de maudire leur président : « malheur à toi, si jamais, tu as tué tigre ».

Le matin, à neuf heure, lion ordonna aux fourmis qui gardaient tigre en dehors de la forêt, de lui remettre ses téléphones, les bruits des animaux dépassèrent ses oreilles. A onze heure, la tigresse reçoit l'appel de son chéri. Elle se déplaça à l'écart. C'était à ce moment que son tigre lui raconta tout ce qui s'était passé avant qu'il se retrouve loin de la forêt équatoriale, sans dire au revoir. A son tour, elle rendit compte aux autres. Tous les animaux se révoltèrent contre cette décision : « il faut que tigre rentre en forêt à l'immédiat, sinon ; lion n'aura plus place chez nous ». Quel que soit les gestes des animaux, tigre toujours en dehors de leur forêt.

Le feu s'alluma du jour au jour en forêt équatoriale pour le retour du tigre, l'okapi, l'animal rassembleur alla à la présidence, et dit au lion : « Excellence ; tu perds toute ta crédibilité, souviens-toi des bonnes choses que tu as promis aux animaux de notre forêt ! voilà aujourd'hui, rien n'est réalisée, nous vivons toujours le système traditionnel ; les rassasiés et les affamés. Encore deux fautes graves que l'autorité a commises, permets-moi de le dire : les animaux non originaires assument les fonctions secrètes de notre forêt, et celle de déposer tigre en dehors de la forêt en équatoriale. Tu ne vivras pas la paix tant que ces deux problèmes souffriront en suspens ». « Oui cher ami ; j'ai beaucoup du respect pour toi, la recherche de la réconciliation, est un travail que tu as commencé à bas âge. Mais, je m'en fou de ce que les animaux parlottes. Tigre peut rentrer » « alors les scorpions » « ils seront ici, tant que je serai président dans cette forêt. Ce sont tels qui m'ont accompagné de renverser le pouvoir dictatorial ; pas vous les animaux de la forêt équatoriale » « Hum... ! ». Le rassembleur obtint le retour du tigre, sans solution au problème des scorpions. Tout le monde croyait qu'il sortira avec une bonne suite chez l'autorité. Mais, il les raconta leur conversation ; ce fut le soulèvement de tous les animaux en forêt. Lion choisit bon d'autoriser les scorpions de torturer ; couper les jambes, les mains, même tuer tout animal qui s'opposera à ses ordres. Informé de son retour, tigre arriva en forêt équatoriale, demanda l'audience à la présidence. « Vierge marie ! qu'est-ce, je vais causer avec lui, il est mon opposant, qu'il en soit ainsi. Je ne veux plus le voir dans ma résidence ». « Ah bon ! c'est ça qu'a déclaré lion ». « Oui ; rien ne sert à insister ni à poser des questions. Tu peux reprendre ton chemin ».

Deux ans et demi au pouvoir toujours de plaintes. Médita la dernière parole du grand buffle, lorsqu'il fut cloué à la croix : « Etre conscient et vivre consciemment est probablement l'ingrédient le plus important pour un changement substantiel ». Se ressaisit, s'assit, appela son ami pour revoir son bilan. Depuis qu'il fut président de la forêt équatoriale. Ours lui dit : « Excellence ; tous ceux que les animaux nous accusent ; sont fondés. Nous n'avons rien réalisé dans notre propre forêt, étant patriotes, nous devons un feedback ». « Tu veux qu'on fasse quoi ». « Oui ; avec tout respect que je vous dois, il nous faut rapatrier tous les scorpions, remanier le gouvernement, remettre la responsabilité aux originaires ». « Merci beaucoup mon ami, je ne peux pas trahir la forêt équatoriale ». Une semaine, après leur discussion ; lion ordonna au scorpion en chef de rassembler toutes les armes au magasin d'armement. Aucun scorpion ni fourmi ne peux tenir une arme en forêt équatoriale, sauf ses gardes rapprochés. « Tu convoqueras une parade générale, laquelle, je présiderai moi-même ». « A vos ordres ». Sensibilisa tous les scorpions et les fourmis, déposèrent leurs armes au dépôt d'armement, et leur dit : « par ordre de son Excellence ; nous aurons la parade générale ce vendredi ».

« Mais, chéri ; tu as refusé de me raconter ton dernière rencontre avec lion » « rien à te relater, ma chérie » « comment ça ». « Oui ; le voyou a boycotté de m'accorder l'audience ». « Mon Dieu ! nous n'avons plus à espérer dans cette bête ». « Cesse de pleurer ma chérie, le pouvoir nous appartient, attendons notre temps ». « Non ; c'est injuste, ça, tu as été dehors, sous les intempéries, en train de supplier les fourmis, les animaux de notre forêt pour libérer le chemin au lion ; maintenant, il te paie en monnaie de singe ». « Oui ; d'ici peu, il suivra le serpent boa ». « En tout cas, il faut qu'il parte ».

A la parade, déchut le scorpion en chef, nomma Ours ; animal en chef de toutes les fourmis, remplaça les fourmis à tous les postes de commandement. Quelle joie, ce vendredi en forêt équatoriale. Surplace, programma la liste de nouveaux promus au gouvernement sans consulter qui que ce soit. « La remise et reprise commence dès maintenant, tout celui qui garde le bien de l'Etat, se précipite de retourner, sinon ; la prison suivra, déclara-t-il ». Remit les troupes à la disposition de leurs chefs, pour la poursuite du programme normal. Ce fut les chants d'allégresse partout en forêt, en défaveur des animaux non originaires.

L'autorité de scorpions surprit de cette nouvelle, appela lion, et lui dit : « tu as bafoué notre accord, à quoi tu penses ». « Non ; il n'y a rien à penser, toi et tes éléments, vous avez saccagé les verdures de la forêt équatoriale. Maintenant que les propriétaires en réclame, tu veux que j'ajoute quoi ». « Ah ! lion ; tu m'as déçu ». « Oui ; récupère tous tes éléments ». « Ah bon ! » « Oui ; je m'en fou de l'avenir ». La réponse de lion indigna l'autorité des scorpions, elle se fixa un rendez-vous avec le renard ancien. Le lendemain, lion déclencha l'opération sans scorpion en forêt équatoriale. Prescrit à tous les animaux originaires d'égorger, tous ceux qui s'appelle scorpion. Ses compatriotes embrassèrent son ordre avec chaleur ; passèrent sans entremise, à l'action. Ce fut les cadavres des scorpions partout en forêt. Le renard ancien déçut du changement inopiné de son allié ; l'invita à sa résidence : « Excellence ; trois ans de ton pouvoir, tu as été friandise pour nous. Avec ton nouveau comportement, il y a risque d'ordonner le massacre des renards en forêt équatoriale ». « Oui cher ami renard ; j'étais votre bonbon que vous avez sucé trois ans ! aujourd'hui, je n'ai plus du sucre, rentrer chez-vous, la forêt équatoriale a besoin de se développer avec ses propres verdures ». « Eh ! c'est lion qui me répond ». « Oui, c'est bien moi, au revoir ». « Eh ! tu pars » « réponse sous tes yeux ».

« Catégorique dans ses décisions, j'ai essayé de le convaincre, rien n'a marché, quant à nous de changer les nouvelles stratégies pour avoir la main mise sur les verdures de la forêt équatoriale. Au cas contraire, nous regarderons cette forêt par la fenêtre ». « Mais, à quoi tu estimes mieux » « la forêt équatoriale est pleine d'animaux faibles d'esprit, nous utiliseront ses propres compatriotes pour déstabiliser son pouvoir. En cas de persistance, un coup d'Etat sera orchestré ». « Ah ! cette bête a voulu exterminer les scorpions ; je ne laisserai jamais la forêt équatoriale en paix, tant que je serai en vie ; jura l'autorité des scorpions devant le renards ancien ».

Le président de la forêt équatoriale s'adressa aux animaux, et leur dit : « vous m'aviez longtemps réclamé votre souveraineté, la voici entre vos mains, montrez aux yeux du monde de quoi vous êtes capables, apportez toutes vos facultés ; mentales, physiques, intellectuelles, contribuez au développement de votre propre forêt. Je veux que l'indépendance soit visible et intégrale. Pas comme une simple chanson. Aux dirigeants de différentes institutions ; je suis contre le détournement et la traitrise, sinon, la place de ces deux genres ; c'est le cimetière, qui n'existe pas dans notre forêt ». Tous les animaux applaudirent, la nouvelle aube flotta la forêt équatoriale.

« Quelle que soit l'absence du tigre au gouvernement, nous sommes joyeux d'avoir nettoyé la présence des scorpions dans notre forêt ». « Oui ; longue vie à son Excellence ; mais, attention des scorpions disséminés au milieu de nos fourmis ». « Non ; le plus grave était d'avoir la plupart des fonctions occupées par les animaux étrangers, tout revient aux originaires » « quelle joie d'appartenir à cette belle forêt ». Ce fut le débat engagé par les animaux après le discours de leur président.

Dans deux ans, tout était aux anges en forêt équatoriale. La démarche de renard et l'autorité des scorpions débuta, lutta de rendre le compteur du lion à zéro. Ils se réunirent de nouveau pour réfléchir à qui, ils peuvent confier la mission d'allumer le feu entre les animaux rassasiés : « c'est mieux qu'on associe tigre, surtout qu'il a été déçu par cet animal inconscient ». « Non ; celui-là est éveillé, il nous faut traiter avec les moins connus ». « Fermons d'abord toutes nos frontières, avec la forêt équatoriale, nous verrons comment il s'en sortira de son économie extravertie ». Constatèrent la hausse de prix sur le marché, le retard de paie, la pénurie d'eau par manque de carburant. Les animaux se lamentèrent de la situation : « c'est quoi dans cette forêt, nous sommes condamnés toujours à la disette. Lion ne convient plus ; vaut mieux qu'il démissionne, soit, qu'il nomme tigre chef du gouvernement, il peut harmoniser l'élan. Le régime présidentiel ne fonctionne plus dans cette forêt ».

L'hyène et loup acceptèrent l'offre des renards, adoptèrent de prendre les armes, ils se partagèrent la partie sud-ouest de la forêt équatoriale. Edictèrent les lois selon leur bon vouloir ; le gouvernement du lion tourna qu'au centre. Tous les quatre coins non gouvernables, envahis par les scorpions et les renards qui renforçaient ces deux animaux. Égorgeaient, exigeaient les montants forfaitaires comme taxe. On partageait les jetons payables dans chaque famille animale, le matin ; même avant de chier, il faut le présenter au contrôleur. Les animaux se demandaient, si l'Etat existaient en forêt équatoriale ou pas. Déplorèrent que la démission du lion. La forêt équatoriale devint passoire de tout le monde, d'y entrer et exploiter les minerais sans inquiétude, les crépitations des balles partout. Ours se balança de gauche à droite pour défendre leur pouvoir, en vain.

L'okapi, l'animal rassembleur qui milita pour la paix en forêt équatoriale, conseilla lion, et lui dit : « Excellence ; l'unité de notre forêt est piétinée, tu n'es plus le président de son entièreté. Le dialogue est la seule voie pour sortir dans ce chaos, au lieu d'engager tant de dépenses dans l'achat des armes qui tueront que les animaux de la forêt équatoriale. Solliciter les assistances des autres forêts étrangères n'est qu'un cercle vicieux au malheur dans notre forêt ». « Mon ami ; tu as de bonnes idées, pour ce temps, je ne suis pas prêt à me concerter avec qui que ce soit. Ils m'ont provoqué par les armes, les explosions discuteront ». « Excellence ; les armes ne construisent jamais la paix, si ce n'est que la destruction ». « Oui ; s'il s'agit de détruire ; nous sommes prêts, il y aura un temps pour reconstruction ». « Ah ! seigneur ; la politique de la forêt équatoriale ; regretta okapi ».

Cette gravité de l'hyène et loup, lion consigna Ours d'amorcer un recrutement forcé. Tous les animaux à l'âge de neuf à nonante ans, doivent s'enregistrer au rang de fourmis pour défendre notre forêt. Pas question de l'école, ni d'entreprise ; tous les animaux étudiants, élèves, enseignants ; les armes à main, rendez-vous au front. Exceptez des animaux mandateurs des entreprises publiques, les ministres, les députés, les sénateurs peuvent se reposer chacun chez-lui. Initia une devise, cria chaque fois lors de son discours : « les animaux de la forêt équatoriale, avant tout » les autres répondirent « la défense de notre forêt ». Ce phénomène poussa les animaux originaires d'haïr leur forêt, préférèrent les refuges dans des forêts étrangères.

La voix de sans-Voix s'éleva à l'intérieur comme à l'extérieur de la forêt ; déclara des crimes consommés par leur président, au moment où il avait autorisé son animal en chef, de forcer les jeunes bêtes de moins de dix-huit ans, d'intégrer l'armé pour protéger son pouvoir. « Je m'en fou ; comme les nards, les scorpions menacent la paix chez-moi, je ne saurai coopérer avec personne, il y a toute chose en forêt équatoriale ; répondit lion ». « Non ! non ! nous les renards, nous ne sommes ni de loin, ni de prêt mêlés dans tes conflits ; ce sont tes propres compatriotes qui te font la guerre. C'est la vérité ; les animaux de la forêt équatoriale raisonnent en dessous de la moyenne, comment lion peut dénoncer de telles choses, quand il était rebelle de son époque ; les habitants de la forêt, nous accusaient d'être ses complices, au finish ; nous coopérons avec qui, en forêt équatoriale, tout le monde alors. Efforcez-vous de résoudre vos problèmes ; tonna le renard ancien ».

L'okapi pleura à la résidence du tigre : « honorable ; pourquoi un long silence, la forêt équatoriale a perdu sa valeur, voilà le renard ancien, nous injurie en plein air ! si nous croisons tous nos pattes, abandonner toute charge au lion, nous sommes complices à la trahison de notre propre forêt. Il nous faut la participation pour sauver cette belle forêt nous léguer par nos ancêtres ». « Cher ami ; les mots me manquent, c'est vrai, un ignorant ne sais pas qu'il est ignorant, une bête qui néglige tout le monde. Il ne consulte aucun autre animal dans sa prise de décision, le seul moyen est de se débarrasser de lui, comme son ami serpent boa ». « Oui honorable ; chasser, c'est une autre histoire, mais, mon souci, trouvons une attente pour avoir même une moitié de solution à ce chao ». « Ah ! mon ami ; comment trouverons la solution au chao, tant que la forêt est dirigée par le chao lui-même ; l'unique solution, effaçons la source de chao à la tête du pouvoir ». Quelle que soit la déception du tigre, accepta de rencontrer lion à sa résidence. « Je ne pouvais pas accorder l'audience au tigre seul ; dit lion » « veuillez nous excuser, nous venons en paix ; lui répondit okapi ». « Ok ; je vous écoute ». « Excellence ; nous sommes toujours à la recherche de la paix, dans cette forêt, nous voulons compatir ensemble » « comment ça » « oui ; les problèmes s'observent à tous les domaines de vie, tu as des animaux intelligents, sages ; sélectionne-toi un premier ministre, de qui tu départagera la gouvernance de cette grande forêt ». « Ah ! je comprends votre motivation ; comme la menace a été repousser, vous venez pour les fonctions, bande des traitres ». « Excellence ; ne te précipite pas à sortir n'importe quoi, nous sommes responsables ». « Mes amis ; ouvrez vos oreilles ; je tâtonnais, quand ma défense ne maîtrisait pas à combattre ces voyous, maintenant, tout a été mis en place. Occupez-vous de vos affaires privées, laissez-moi diriger la forêt équatoriale à mon temps ». Tigre claqua la porte.

Le recrutement renforça la capacité de la défense, Ours prit la suprématie sur les groupuscules des assaillants, consolida ses positions au front. Tous les batailles furent remportées par les fourmis, récupérèrent plusieurs localités, longtemps occupées par ces rebelles. Le renard et l'autorité des scorpions déçus, obligés de revoir leurs stratagèmes : « il nous faut espionner la force du lion, sinon ; l'échec sera dans notre camp ; dit renard ancien ». « Mais ; tigre ne nous assistera pas ; demanda l'autorité des scorpions » « non ; ne compte plus sur celui-là. Ours constitue la puissance actuelle du lion ; si nous l'atteignons, cet inconscient sera limogé comme un petit rat ». « Cher ami renard ; ce n'est pas facile de les détacher » « Oui ; essayons, tout le monde aspire au bonheur. Qui peut boycotter le pouvoir en forêt équatoriale ».

L'industrie le plus célèbre en forêt équatoriale, est celle de la distillation des boissons alcooliques ; les animaux furent spécialistes de la bière. Le renard ancien organisa un repas du corps où il conviera Ours d'y prendre part. à l'ambiance de whisky, le maitre de division orna son dialogue : « Chef ; je suis joyeux de ta réponse positive à mon appel ». « Oui ; on est ami, pourquoi rejeter ton invitation » « gentil de ta part » « merci » « je profite de ta présence pour évaluer l'évolution de nos accords ». « Oui ; je t'écoute ». « Chef ; je suis inquiet du comportement du lion, avec tous ceux que nous avons engagé, du début jusqu'à la prise de votre pouvoir, méritons un salaire pareil. Vous étiez exilés vingt-cinq ans, chez l'autorité des scorpions, bien protéger contre les menaces du serpent boa, accepta de vous confier ses éléments. Aujourd'hui, vous tolérez les massacres des scorpions sans pitié ». « Oui ; c'est vrai, je reconnais les dérapages de sa part. Mais, vous êtes allés vite en besogne, jusqu'à nous fermer toutes vos frontières et importation, voilà ce qui a rehaussé la colère du lion ». « Chef ; ces sanctions ont été déclenchés après avoir agi contraire aux accords » « il nous faut arranger » « non ; mon espoir est maintenant sur toi ». « Comment ça » « tu le saura ».

Ours de son retour, lion tonna : « Mon ami ; tu commences à monter mes épaules ». « Excellence ; pourquoi ça ». « Tu poses ta réponse, ne crois pas que j'ai peur de toi. Tu es mon animal de confiance, je ne veux pas te voir à côté de traitres, surtout celui-là ». « Excellence ; je ne suis pas sans ignoré le bras de fer entre toi et la suite de renard ancien ; mais, nous ne pouvons les éviter totalement, où sera la notion de renseignement ». « Ah bon ! si c'est pour l'espionnage, je peux comprendre, gare à toi si tu glisses ». « A vos ordres » « ok ; laissons tomber ça, à propos de la partie occupée par les assaillants, à quoi tu penses ». « Oui Excellence ; je suis d'accord avec toi, mais, je voudrai te dire une chose, avant de passe à l'action ». « Ok, vas-y ». « J'ai estimé bon d'adopter la voie de dialogue ; les animaux affamés de notre forêt, nos parrains, les opposants et société civile ». « Eh ! depuis quand tu es politicien, l'animal en chef ne dialogue pas, ton service dans cette forêt, c'est la guerre, un point clé ». « Je suis d'accord, mais… ». « Mais quoi ? ah ! je comprends pourquoi, tu es allé répondre le renard ancien ». « Non Excellence ; ne raisonne pas mal à mon sujet, juste une simple orientation ». « Ok ; je n'autoriserai aucune rencontre dans cette forêt, engageons la force, dès demain, ta présence au front ». « A vos ordres ».

La forêt équatoriale, ni budget, ni organisation concrète ; la guerre partout, les épidémies ; les animaux moururent du jour au jour. Les écoles fermées, aucune jeune bête n'acceptèrent d'y aller de peur qu'il soit amenée au service de la défense. « Lion à montrer ses incapacités, nous sommes victimes de ses multiples accords signés avec l'autorité des scorpions et les renards. Tigre doit rentrer en forêt, sinon ; il ne restera pas verdure pour nos générations futures. Les idiots qui s'inventent être guerriers ; sont aussi les voleurs soutenus par les mêmes bêtes, profiteuses de nos richesses ; Les murmures des animaux originaires, compte tenu de la galère dans leur forêt ».

Ours arriva au front, au lieu d'engager le combat, il privilégia la réconciliation avec les animaux, chefs de guerre. Une réunion qui n'avait pas eu la conclusion, ces derniers exigèrent la présence de renard et autorité des scorpions, leurs commanditaires. Lui aussi fut d'accord, il a fallu se fixer la date d'une nouvelle rencontre. Le message aux oreilles de l'autorité des scorpions et son ami renard ancien ; la chose qu'ils attendaient. Avant la date fixée, ils proposèrent de l'abréger au lieu de passer le temps.

« Oh là ! enfin ; Ours s'offre volontiers dans nos pièges ; la joie manifestée par le renard ancien ».

« Depuis que tu es là, aucune action n'est déclenchée, pourquoi ce silence » « Oui Excellence ; tu sais une chose, l'objectif de notre combat n'est pas celle d'exterminer tous les animaux qui nous font la guerre ; mais, de les pousser au à renoncer à ces activismes hostiles, pour qu'ensemble nous participons à la construction de notre forêt ». « Ecoute-moi Ours ; tu es animal en chef, pas un chargé de la relation publique, une fois au front ; c'est pour la guerre, un point clé ». « Bien sûr, ma décision est de jeter l'offensive sur tous les inciviques ; au contraire, il y a eu beaucoup qui ont manifesté la volonté de déposer leurs armes, je ne voudrai pas négliger cette opportunité, Excellence ». « Je m'en fou de n'importe quoi ». « Veuillez m'excuser » « Ok ; je te comprends, mais reviens d'abord au centre qu'on analyse cette question ». « A vos ordres ! ». La causerie du lion et Ours au téléphone.

Les animaux chef de guerre et leurs commanditaires se rassemblèrent à la date fixée. Ours ouvrit la réunion : « je remercie la présence de chacun en général et en particulier l'autorité des scorpions et le renard ancien pour leur accompagnement qui ne manque jamais, chaque fois que la forêt équatoriale a un problème. Si je suis là aujourd'hui, c'est pour m'acquérir de prêt, le vouloir d'un chacun afin d'amener la paix en forêt équatoriale ». Le renard ancien intervint, et dit : « moi et l'autorité des scorpions ; tu sais ce que nous voulons, tu as été présent à tous ateliers, tant que ces accords ne sont pas respectés, votre forêt n'aura aucune assistance de notre part, laisse-moi t'ouvrir la parenthèse ; nous voulons que tu sois président au lieu de ton ami solitaire là ». « Oui ; nous les chefs de guerres, comme un seul animal ; nous en avons assez de votre injustice, depuis l'accession de lion au pouvoir, il se choit un petit groupe d'animaux qui se réjouissent de toutes fonctions dans notre forêt, la population grince les dents. Combien passe la nuit bredouille en forêt équatoriale ? nous aurons les armes à nos mains, la forêt équatoriale sera toujours en deuil, autant que lion continuera président ». « Merci de votre bonne volonté pour avoir répondre à mes questions, je vous promets une franche collaboration à la prochaine, je vais causer avec son Excellence pour trouver des solutions à toutes vos préoccupations ». « A toi l'intérêt, lui répondit renard ancien ».

Ours de retour à la présidence en train de rendre compte à son chef. « Excellence ; à l'allure où je vois les choses, la paix de notre forêt est à la porte ; j'ai reçu à réunir quatre cent cinquante-neuf assaillants et leurs chefs de guerres, tous sont prêts à déposer les armes. Alors, je ne pouvais pas combattre ceux qui ont manifesté la volonté de sortir en brousse, il nous faut disposer les moyens pour leur prise en charge, jusqu'au désarmement ». « Ecoute-moi bien Ours ; je t'ai envoyé aux fronts pour tuer, briser tous meneurs d'insécurité, pas de les rassembler pour augmenter les dépenses. Les animaux sont affamés dans cette forêt, où sortira la nourriture de tes rebelles-là » « mais, c'est un processus de la... » « tu la ferme ; si tu as tes moyens, tu peux t'engager à les encadrer ! mais, comme tu as les armes, tu dois lutter pour trouver solution à cette insécurité, sinon, je te coupe la tête ». « A vos ordres ». Ours secoua la tête raisonnant à son intérieur : « Ah ! pourquoi cette bête ne veut rien s'associer aux autres, il pousse même loin, jusqu'à se proposer de me remplacer ou me couper la tête, moi Ours ! non ; il n'y a pas d'avenir en travaillant à côté de cet animal ».

La forêt équatoriale importa tout, même leur propre pouvoir, sensé sacré, fut extroverti, quel que soit ton sens patriotique. Ours contacta l'autorité des scorpions et son ami renard ancien pour qu'il devienne président de la forêt équatoriale : « nous sommes disponibles à fournir tous ceux que tu auras besoin pour obtenir le pouvoir ; à condition que tu acceptes nos mêmes obligations ». « Je suis d'accord ». « Alors comment tu comptes l'attaquer ». « Ma stratégie est la suivante ; je vais continuer à travailler avec mes compatriotes qui sont chefs de guerre. Ils vont intensifier les atrocités direction centre de forêt équatoriale, je ferai toujours semblant de défendre étant son animal en chef. Mais, chaque fois, je commanderais les fourmis de se replier, d'abandonner les armes, minutions à leur profit. Je ne veux pas que les compatriotes découvrent la source de sa mort ». « Ok ; ta protection dans nos mains ». Le renard et l'autorité des scorpions se saluèrent, et crièrent : « une fois de plus, la forêt équatoriale, notre propriété privée ». Voici, nous avons tout quitté et nous t'avons suivi ; qu'en sera-t-il pour nous ? c'était la question de Simon Pierre à Jésus. Les animaux chefs de guerre demandèrent aussi Ours : « tu as accepté de respecter les accords de renard et l'autorité des scorpions. Nous ne savons même pas, s'il s'agit de quoi, qu'est-ce nous gagneront au moment où tu auras le pouvoir ». « Oui mes amis ;

le fauteuil sera partagé, chacun de nous aura son quota avec ses collaborateurs » « d'accord ».

Lion célibataire qu'il était, dans ses ambiances, demanda la situation sécuritaire qu'au téléphone. Ours lui répondait : « Oui Excellence ; t'inquiète, la situation est calme, sauf imprévu ». Chaque jour, réponse idem. Mais, les animaux se déplaçaient, fiaient les massacres, pleuraient : « les assaillants sont forts que nos fourmis ». Voir même les fourmis qui ne savaient pas le jeu, se lamentaient : « la dotation est contraire au front ; si vous avez les armes lance-roquette, on vous amène les minutions de mortier quatre-vingt-deux, il faut remplacer Ours ». Sourd d'oreilles !

Un jour, Ours donna le poison au cuisinier de lion pour intoxiquer sa nourriture, et lui dit : « mon ami ; tu ne perdras rien, tu n'es pas condamné à côté du réchaud, ceux qui sont ministres, te dépassent à quoi. Avec la cuisine, tes enfants iront à l'étranger quand » les animaux en forêt équatoriale cédèrent tout, pour le pouvoir ! la gazelle accepta d'empoisonner son chef. Arriva bien affamer, et trouva la table prête comme d'habitude ; avant d'ouvrir le repas, l'une de ses fourmis gardes rapprochés, sauta sur l'assiette. « Vierge marie ! d'où te vient l'audace de toucher au repas présidentiel ». « Excellence ; ne mange pas, cette nourriture » « Mais, pourquoi » « Elle est empoisonnée ». « Vierge marie ! par qui » « ton cuisinier ». Ni doute, ni explication, obligea gazelle de consommer tous ceux qui étaient à la table. Elle voulait parler ; « tais-toi, je ne suis pas ton juge, mange ». Elle sanglota, cinq minute, lorsqu'elle mangea, tomba par terre, manifesta les signes épileptiques, sans secours mourut surplace.

Au lieu d'approcher la fourmi pour savoir la source de poison, lui trouva bon d'appeler Ours à sa résidence. Ce dernier arriva et voilà son chef en colère. « Excellence ; qu'est ce qui ne va pas ». « Oh ! mon cher ; tu devrais m'enterrer aujourd'hui ». « Ne me dis pas ça ». « Oui ; la gazelle que tu m'avais choisie comme cuisinière a voulu m'empoisonner, ni t'était la fourmi ». « Ah bon ! comment elle a sus » « toi et moi, personne ne sait ». Ours s'en souvint, quand il donnait la substance toxique à la gazelle, la fourmi en question, semblait de ne rien s'intéresser. « Tu songes à quoi ; lui demanda lion ». « Non ! non ! Excellence ; regret, je te propose de remplacer tous tes gardes et cuisiniers ». « Oui ; fais-le, ce n'est pas une question de me demander, à toi ma sécurité ». « Ah ! cette fourmi a failli me dévoiler, il me faut la tuer pour effacer toute trace ; s'imagina Ours ». A partir de cet évènement, Ours profita de laquer ses éléments de confiance chez lion pour bien l'avoir.

Voici lion qui se réveilla pour chercher la fourmi, par ivresse, demanda au garde qui était derrière lui : « Où est la fourmi qui m'avait sauvé de la mort ». « Excellence ; nous sommes affectés par l'animal en chef » « vierge marie ! appelle-moi Ours » « je suis là ». « Ok, mon cher ; est-ce, je peux voir la fourmi qui m'avait exempté de la poison ». « Excellence ; impossible pour ce temps, je l'avais envoyé au front ». « Vierge marie ! il a fallu qu'il soit gratifié, j'étais choqué, ce jour-là, c'est pourquoi je n'avais pas le temps de causer avec elle ». « Oui ; j'avais aussi cette idée en tête, mais la fourmi en question était devenue indisciplinée, c'est celle qui a propagé même partout qu'elle a ressuscité le président à la mort ». « Ah ok ; oublions-le ».

Avec cette distraction de poison, les animaux chefs de guerre occupèrent de localités en localité, c'est la misère dans son infinitif en forêt équatoriale. Tout le monde souhaitait que le départ du lion. Il fut que le président du centre de la forêt, tous ces environs envahis par les assaillants. Chaque rebelle forma sa forêt dans la même forêt, imposa ses lois et son drapeau diffèrent, à celle de la forêt équatoriale. Il ordonna Ours d'aller voir ce qui ne marcha pas au front. Ce dernier révoqua les commandants fourmis patriotes, remplaça les éléments de son obédience. La présence de Ours au front, les rebelles se réjouirent.

Depuis que lion fut rescapé, il n'eut plus confiance de manger chez-lui, quel que soit le nouveau cuisinier. Il prenait sa nourriture aux différents restaurants de la forêt équatoriale. Un soir, il a allé manger. Cette fois-ci, ils trouvèrent qu'il y avait une festivité de mariage dans le restaurant où il avait choisi de consommer, et c'était plein d'animaux. Les fourmis le dit : « Excellence ; nous ne trouvons pas un cadre sécuritaire ici, c'est mieux d'aller hier ». « Non ; je suis président de la forêt équatoriale et tous les animaux qui y vivent. Manger ensemble avec ma population n'est pas un tabou, c'est une occasion pour moi d'acheter la crédibilité ». « A vos ordres ».

Au moment où ils furent en ambiance de boisson ; ils entendirent une querelle dehors, tout le monde sortit pour aller voir ce qui se passait. Lion étant haute autorité à protéger ; il était à son coin, bien caché avec ses deux gardes, le reste de sa suite environna la salle. Alors, ce qui étaient aux entours, tirèrent les coups de balle en l'air pour la disperser la foule. Les deux animaux qui gardaient lion dedans étaient de mèche avec Ours, bien coachés ; ils profitèrent les bruits, assassinèrent leur chef à bout portant, rien ne s'est entendu aux oreilles des autres, lorsqu'ils l'abattaient.

Ils précipitèrent de sortir cherchaient à connaitre la source de coups de balle qui se retentissaient dehors. Après qu'il ait du calme ; ceux qui prenaient leur verre retournèrent pour continuer l'ambiance. Voilà aussi les gardes qui allaient vers leur chef, de loin, l'une de fourmi constata que sa position n'était pas confortable ! prévient aux autres : « voici mes amis, je vois busard la position du chef ». « Oui ; peut-être, il est ivre ». « Non ; il y a le sang qui coule ! ». « Mon Dieu ! ils ont tué le président ». « Ok ! ok ! gardons d'abord silence, que les animaux qui boivent de l'autre côté ne soient pas au courant de ce qui se passent ». « Non ; amenons le président à l'hôpital ». Le président n'avait pas construit même une maternité en forêt équatoriale. Les officiels de cette forêt se contentèrent de se soigner à l'étranger qu'à leur propre territoire. Les gardes obligés de crier et alerter à tout le monde, que le président a été trouvé assassiné par les inconnus au restaurant.

Il y a eu un calme absolu en forêt équatoriale. La grande question d'actualité fut, qui a tué lion ? le répondeur était sous silence, personne. L'animal qui était chargé du ministère de la défense, décida d'emprisonner toutes les fourmis garde du président. Et ces dernières n'avaient pas peur, elles étaient rassurées. Jusqu'à une semaine, aucun animal ne se montrait capable de s'autoproclamer comme président remplaçant. Les animaux se réjouissaient de sa mort et réclamer le retour du tigre. Or, les frontières étaient fermées jusqu'au nouvel ordre. Seul Ours qui était autorisé de rentrer au centre de la forêt. Le voici accompagner d'un bon nombre de renards et scorpions à la radio nationale : « Je suis désolé de la mort de son Excellence lion, il était tout pour moi, une lampe pour notre forêt, pendant huit ans au pouvoir, il n'a rien causé tort à son prochain, en forêt équatoriale, alors, j'ai décidé de reprendre le bâton de commandement, continuer le projet de la société de l'illustre disparu. A ce qui concerne les fourmis garde du président ; aucune d'eux ne sera vivante. Toutes les activités continuent comme d'habitude, je vous promets la paix totale à une seule condition ; tenons-nous main dans la main pour reconstruire notre chère belle forêt ; s'autoprogramma Ours ».

« Oh ! seigneur ; est-ce, il y aura une autre façon d'accéder au pouvoir en forêt équatoriale ». « Ours se précipite de tuer les gardes ! or, ce sont-ils qui devraient éclairer la justice sur la mort du président ». « Mes chers amis ; est-ce, il y a une justice crédible qui peut rapporter exactement le fait » « comme si Ours connait la source du meurtre de son ami, raison pour laquelle, il a voulu anticiper les choses » « c'est la volonté de Dieu, l'avenir nous en parlera plus ». Les animaux réfléchirent de leur forêt.

Quatrième partie

OURS DEVIENT PRESIDENT DE LA FORET EQUATORIAL

« Mon stylo rouge à la main, advienne que pourra. Lion est assassiné comme un petit rat ; se laissait contacter par n'importe qui, ça ne sera pas mon cas ». Ours se décida de diriger la forêt équatoriale dans une autre dimension. Il se posa des questions, et répondit seul dans sa maison ; à propos de conserver toute sa vie le pouvoir. Que veut les animaux forts en forêt équatoriale ? ils veulent être au-dessus des autres, être libre de voler et de détourner. Alors moi, je confierai la responsabilité à tout celui qui me fera opposition, chaque fonctionnaire dépensera les moyens mis en sa disposition selon son bon vouloir, aucune inspection financière ne sera admise en forêt équatoriale. A celui qui résisterait à ces cadeaux ; sera dévoré sans autre forme de procès. Alors, la simple population veut quoi ? Oui ; elle veut voir toutes les promesses du chef s'accomplir en forêt. Alors, pendant mon mandat ; je serai sourd à toutes les demande et injures, pour ne pas promettre les irréalisables dans de multiples discours.

Tigre à l'étranger depuis longtemps, annonça son retour en forêt équatoriale. Il fallut voir combien les animaux étaient mobilisés pour son accueil. Le jour J, tous les sentiers et issues de la forêt équatoriale, plein d'animaux pour souhaiter la bienvenue à leur héros vivant. A son atterrissage ; il tint un meeting, et leur dit : « la mort du lion est un non évènement en forêt équatoriale » « oui ; c'est la vérité... crièrent tous les animaux ». Continua son discours : « il est temps de balayer toute la saleté gouvernementale pour redonner la vraie valeur à notre chère belle forêt. J'ai besoin de votre soutient comme d'habitude, l'unité construit un corps, la discrimination affaiblit tout un peuple. Cette fois-ci, je suis déterminé d'exiger les élections libres, transparentes et démocratiques. Cela donnera le pouvoir à la population de s'élire ses dirigeants de choix. N'espérez rien aux animaux qui accèdent au pouvoir par leur propre effort. Tous, sont au service des renards et scorpions. Alors ma présence, c'est pour trouver une attente commune avec Ours, afin d'organiser les votes dans un bref délais. Du reste, je vous prie de garder vos cœurs en patience, je reviendrai sur ce lieu, pour vous rendre compte de ce qui se conclura dans notre entretien. Sachez une chose, je n'accepterai aucun accord au sens de trahir la population animale de la forêt équatoriale ».

Après le meeting les uns disaient : « voici un animal qu'il faut pour diriger la forêt équatoriale, le jour où tigre aura le pouvoir, nous serons dans un petit paradis, son raisonnement est lumière. Voilà, tout ce qu'il a dit est réel ; Comment nous pouvons attendre à celui qu'on a rien donné, les élections est le seul moyen pour décoller le développement de notre forêt ». Les autres s'opposaient, disaient : « nous sommes fatigués de belles discours dans cette forêt, tous celui qui veut le pouvoir ; vient d'abord en Samaritaine, une fois au pouvoir ; Judas Iscariote ».

La fourmi en chef analysa le discours, posa la question au président : « Excellence ; qu'est-ce, qui se cache derrière le succès du tigre, sa bouche est pimentée envers les autorités légalement établies dans cette forêt ». « Oui ; il est libre de parler ce qu'il veut, et nous, notre devoir est de chercher à rendre sa bouche sucrée ». « C'est difficile de transformer cet animal » « mais, je vais essayer de lui proposer une fonction dans le gouvernement ». « Excellence ; il n'a jamais eu souci de toutes les fonctions que d'être premier ministre ». « Non ; lui confier le gouvernement, c'est une trahison ».

Avant la sortie de son gouvernement, Ours lança une consultation sans distinction de couche animale en forêt équatoriale. Ce premier geste réjouit la population ; c'était l'engouement à la résidence. Les animaux artistes, les animaux vendeur, les animaux enseignants, les animaux étudiants et la représentation des tribus. Chaque délégation étalait ses doléances auprès du président. Il les répondait avec toute humilité : « Oui mes amis ; vous avez raison de prononcer toutes ces choses, je suis de cette forêt, rien ne m'échappe. J'essayerai de remettre chaque chose à sa place, et chaque animal à sa place qu'il faut ».

A un mois de son pouvoir ; il prononça son premier discours : « mon souci est de pacifier d'abord la forêt, je ne veux pas être président d'une partie, et l'autre partie envahi par l'insécurité. Pour cette raison, l'ancien gouvernement reste en place jusqu'au nouvel ordre. En sus, j'étends la main à toutes les obédiences politiques, religieux, société civile et aux chefs de guerre dans notre forêt pour un dialogue, qui se tiendra après cinq mois. Ça sera une grande rencontre où sortiront les dernières décisions qui nous conduirons aux élections. Notre volonté est souhaitée étant les originaire, prêts à développer notre forêt ».

« Alors, la consultation qu'il a conduit ne suffisait pas pour nommer un nouveau gouvernement. Dialogue ! dialogue ! c'est pour bouffer inutilement l'argent de notre forêt, tant que la pauvreté gangrène nos foyers. Et puis, c'est une malédiction pour la forêt équatoriale ! Ours se permet de garder ces voleurs cinq mois » « Oh ! mon cher, tu t'attendais à quoi, au changement substantiel, notre forêt ne sera jamais développée ; néanmoins exterminer toute la génération du serpent boa ». « Mais, ils seront écartés comment, tous les animaux conquis le pouvoir, adoptent toujours le système de deux classes ». « Est-ce tigre prendra part à ce dialogue ». « Il faut qu'il participe, ce n'est pas bon de s'opposer à tout ». « Soyons d'abord calme, suivons sa démarche, ça peut aboutir aux solutions préférées ». Ce fut les murmures des animaux après le discours de leur président.

De son côté tigre convoqua l'assemblé de son parti, où il y a eu présence de nombreux animaux, entre autre léopard, girafe, zèbre. « Nous allons bel et bien participer au dialogue, beaucoup d'entre vous se demandent ; c'est pourquoi, je vous ai rassemblé aujourd'hui pour répondre à cette question. Notre objectif n'est pas celle d'aller partager le pouvoir, mais, barrer la route aux mauvaises habitudes qui ne profitent pas à notre population animale. Exiger la liberté d'expression et la sociale de la forêt équatoriale ».

Il convia le conseil de ministres pour sa premier fois. Après le mot d'ouverture, demanda aux anciens ministres de lui dévoiler le secret de leur opulence : « je vous ai trouvé plein d'argent, moi votre chef, dépourvu de tout ». Rhinocéros, l'animal chargé de finance, lui dit : « Excellence ; tu n'es plus pauvre ; tous ceux qui se trouvent en forêt équatoriale, t'appartient, il suffit de créer plusieurs projets de la société, qui facilitera la justifier devant la population. Les animaux veulent les routes asphaltées, les écoles, les hôpitaux, électricité ; alors, dans tous ces domaines, nous feindrons le début de travaux partout, ça te permettra de vous investir ». « Ah bon ! ce projet sera lancé après le dialogue ». Malheur aux animaux en forêt équatoriale, fini le conseille de ministre.

Le cinquième mois comme prévu, tous les animaux concernés par le dialogue se rassemblèrent en dehors de la forêt équatoriale. Ils furent subdivisés en six groupes : Les animaux de l'ancien gouvernement représenter par : rhinocéros et hippopotame. Les animaux de la société civile : Okapi, lapin et aigle. Les animaux opposants : tigre, léopard, zèbre et girafe. Les animaux religieux : éléphant et pangolin. Les animaux chefs de guerre : loup et l'hyène. Et Les animaux médiateurs : renard acine et l'autorité des scorpions.

Chaque partie déposa sur la table, son cahier de charge. Ours prend la parole, et dit : « nous avons suivi avec attention l'intervention de l'un et l'autre, mais, l'objectif de ce dialogue est le partage du pouvoir, acceptons de réunir notre force pour reconstruire notre belle forêt ». « Niet ; il faut que notre population vive a vraie démocratie, le nécessaire est déterminé le nombre d'années que prendra ton gouvernement de transition, afin d'organiser les élections dans un bref délai ». « Oui ; j'appuie l'idée du tigre ; dit okapi ». Un peu de tiraillement ; le renard les calma, et leur dit : « nous avons un seul souci tous ; trouver un accord commun pour décoller les choses en forêt équatoriale, alors, même si chacun de vous, participait au gouvernement de transition, rien n'empêche de déterminer la date des élections. Quant à moi, la transition peut prendre cinq ans, compte tenu de plusieurs problèmes en ce moment ». « Niet ; nous sommes ici pour trouver solution à tous cela, ça doit prendre deux ans ». « Ok ; je vous partage, adoptons trois ans, dit l'autorité des scorpions ». Qui vont participer au gouvernement de transition ? tigre, léopard, okapi et aigle résistèrent d'y faire partie. L'éléphant devient le président de la commission électorale nationale indépendant, le pangolin son adjoint. Zèbre et son ami girafe se désunirent du tigre : « nous sommes fatigués de la politique de chaise vide, persister chaque fois, les autres s'enrichissent ».

Ce fut un déplaisir total de tous les animaux affamés, ils s'attendaient à un gouvernement responsable ; cependant qu'il avait repris la liste de mêmes animaux longtemps rassasiés. « Mais, pourquoi tigre n'a pas figuré ». « Mon cher ; lui réclame la primature, tout le monde épouvanté de son intelligence, les renards ne veulent pas que les animaux sages dirigent cette forêt ». « Ah ! mon cher ; ce qui est scandale ; le fait d'intégrer tous les animaux milices dans notre défense, sans distinction de scorpions » « ils ont poussés loin, jusqu'à les confier les grades et les fonctions élevés ». « Ça sera l'occasion pour tous les animaux d'aller chercher les fonctions en brousse, la guerre continuera sans fin ». « Oui ; qui pouvait connaitre l'hyène et son ami loup ; s'ils ne se sont pas rebellés ». « C'est regrettable en forêt équatoriale, tous les bêtes cherchent le pouvoir pour amasser des richesses ; et non servir la forêt ; l'analyse des animaux après le dialogue ».

Le gouvernement en marche ; Ours présenta aux publics son projet de la société, annonça le début du sérieux : « maintenant, le travail commence, le temps de repos est fini. Durant la transition ; nous allons construire les chemins de fer quittant de l'est à l'ouest, du nord au sud ; se croiseraient au centre de la forêt équatoriale. Les industries de transformation seront installées où nous engagerons deux million cinq cent nonante-sept animaux, originaires de la forêt équatoriale. Oublions l'obscurité, tous les barrages seront réhabilités. L'agriculture sera mon cheval de batail. J'autorise l'ouverture des écoles fermées par lion. Soyons unis pour parvenir à réaliser tous ces projets ». Sans aucun choix, les animaux se réjouis de ce projet : « Ours risque de surprendre le monde, son idée est meilleur, depuis que la forêt soit équatoriale ». « Mon cher ; je doute fort, il peut le faire, mais l'entourage qu'il a hérité, me refroidisse ». « Oui ; néanmoins lui, nous avons passé sept ans dans cette forêt sans projet de la société » « attendons voir les réalisations ».

Après trois mois de son discours ; lança le début de travaux, les ministres se dispersèrent dans la forêt, chacun dans son domaine, posèrent les premières pierres partout. La joie fut immense en forêt équatoriale ; ils chantèrent, dansèrent : « voilà le libérateur attendu longtemps en forêt équatoriale. Même les écoles et les hôpitaux de fin fond seront construits ! Que Dieu protège Ours, notre président ». Dans une année ; il réalisa quelques mètres de route çà et là et le perfectionnement de trois écoles et un hôpital ; les projets éphémères.

Ours accorda une audience à ces deux animaux, en présence de tout son gouvernement. Tigre prit la parole, et dit : « Ours... », les animaux ministres hurlèrent, lui imposèrent un minimum de respect pour leur président : « s'il te plait ; Ours n'est pas ton ami ». « Oui ; je sais à quel niveau, vous aimez l'honneur en forêt équatoriale. Excellence ; nous dénonçons les aventures de tes ministres sur terrain, aucune réalisation ne palpable, mais, il te reste trois cent soixante-cinq jours. La dernière année sera consacrée aux activités électorales ». « Eh ! depuis quand, tu es inspecteur général de la finance, pour toi, rien ne concret dans cette forêt ». « Oui ; à part la couleur que vous avez peint quelques anciens murs » « tu n'es pas dans cette forêt, les ministres se déchirent partout pour reconstruire nos monuments » « non ; Excellence ; apprenez à valoriser notre territoire, en forêt équatoriale, quand un animal pose la première pierre ; il croit avoir inauguré un port en eau profonde, soit un barrage de seize mille six soixante-six voltes, organise la fête. *Chers animaux, différenciez l'inauguration au posage de la première pierre. Vous avez déambulé partout en déposant les pierres ; montrez-nous où vous avez construit un nouvel édifice.* Renoncez aux constructions spirituelles, nous voulons voir les choses à l'œil » « que ce soit ta dernière fois chez moi, sinon ; ta peau servira la tam-tam » « Ours ; moi, tigre, je ne suis pas ton domestique, attend-toi aux actions grandioses, tu porteras les souliers de ton ami lion ».

Effrayé des actions avenir, convoqua le renard ancien et les vieillards de son gouvernement, leur demanda la puissance que serpent boa utilisa pour maitriser la forêt équatoriale, et être respecté partout. L'un des anciens, lui dévoila le secret de la magie de ce dernier. Ours refusa de se mêler dans des fétichismes, sollicita à son allier renards une solution scientifique que diabolique. Lui proposa le déploiement d'un système de télésurveillance de dernière génération et un centre de télésurveillance qui fonctionnera cinq sur cinq, lors de manifestation, meeting et débat politique. Ce fut la dissuasion des animaux en forêt équatoriale. Ce système fut doté d'un algorithme capable de détecter un groupe d'animaux, enregistrer le visage et le son de chacun, quel que soit l'effectif. Quand l'opérateur de télésurveillance cliquait sur l'un de l'image, la photo racontait tous ceux que l'animal en question parlait. C'e n'était pas aussi les cameras visibles installés, mais, sortes de capteurs invisibles largués par l'hélicoptère qui transféraient ces informations au centre de gestion vidéo. Les cambriolages, les kidnappings, les braquages ne concernaient pas ce système ; méconnu à la population. Appelé autrement « contre l'attroupement ou les yeux du président ».

La délégation de la société civile conduit par maitre aigle au bureau de l'hippopotame, ministre chargé de finance pour s'assurer du processus électoral. « Honorable ; Où êtes-vous avec le financement des élections ». « Oui maitre ; c'est une question que l'éléphant, le président de la commission électoral te répondra ; le soixante-dix pourcent a été versé, le trente pourcent est stoppé pour le transport de matériels dans des sites d'enrôlement ». « Ok, merci honorable ; c'est pour moi, un plaisir d'appartenir à un groupe d'animaux conscients et patriotiques ». « Oui ; cela est réciproque maitre ». Continua sa mission au bureau d'éléphant. « Président ; où en sommes-nous avec les processus électoraux ? ». « Oui maitre ; ça c'est une question complexe, jusqu'alors, je n'ai pas reçu même un rond pour l'organisation des élections ». « Je rêve où quoi, chez l'hippopotame ; soixante-dix pourcent de fonds a été déboursé, comment tu ne l'as pas reçu ». « Oui maitre ; ses propos n'engagent que lui-même ». « Mon Dieu ; jusqu'à quand les aventures en forêt équatoriale ». « Il n'y a rien d'aventure » « mais ; qui dit vrai, qui dit faux, tu me déçois mon ami, nous somme à une année d'élections. Vos bêtises-là ne marcheront pas cette fois-ci. Tu sais que je toutes les preuves de la mort du lion, la justice vous attend ». « Ah bon ! tu le confirmes » « bien sûr ; tu pleuras un jour ; aigle claqua la porte ».

A la sortie de l'aigle ; tous les animaux journalistes les tendirent les micros. « Maitre ; précise la population sur l'évolution des processus électoraux ». « Mes chers animaux ; il n'a rien de spécial que nous pouvons attendre de ces dirigeants inconscients de notre forêt. Il y a eu un phénomène inexplicable, l'argent a été dans le compte de commission électorale ; à son tour, l'éléphant n'a rien reçu, au moment où je vous parle, aucun dispositif ne pris pour l'organisation des élections. Il y a probabilité d'oublier la date prévue par le dialogue ». « Oh ! comment ça maitre » « Oui ; c'est un travail que je confie aux journalistes d'investigation pour nous trouver le chemin qu'empruntait les fonds des élections » « soit maudit ; le jour, où je suis né en forêt équatoriale, un ring de succession de malheur ; s'exclama l'un des journalistes ».

L'information arriva aux oreilles du tigre, gronda : « cette fois-ci, Ours saura de quel bois je me chauffe », rassembla les milliers d'animaux, leur annonça la tenue de manifestation ; intitulée "non au glissement qui se prépare". « Et même s'il s'agit de combat corps à corps avec Ours ; je vais l'engager. Mon objectif est de respecter la démocratie, la bonne gouvernance, dans cette forêt. Tout le monde ; petit, grand remplissons les rues, crions, disons non au glissement ». Ours ordonna aux opérateurs du centre de télésurveillance de larguer les capteurs, à sa fourmi en chef d'installer ses éléments partout pour empêcher tigre de percer la présidence. Dota toutes sortes d'armes, qui n'ont jamais été vues aux différents fronts. La liberté d'expression était bafouée en forêt équatoriale. Mais, quelle que soit les armes, les multiples fourmis ; tigre jura d'attaquer Ours, vis-à-vis. Grâce au renard ancien, sentit leurs avantages menacés, intervint pour le calme. La table ronde fut convoquée par l'entremise des renards. Où il y a eu participation des animaux au pouvoir, société civile et les opposants. Ours exposa la situation électorale : « je vous prie de m'ajouter trois ans pour me permettre de réaliser les votes historiques dans notre forêt. Bien sûr ; tous les moyens ont été mis à la disposition de l'éléphant, comme nous le savons ; les matériels ne sont pas fabriqués ici sur place. Alors, le bateau qui va nous les amener passera une année avant d'arriver. Le temps pour les membres de commission électorale de dispatcher ces matériels dans des sites, ça demandera aussi l'argent. Et notre budget n'est pas concentré seulement sur l'organisation de vote ! il faut résoudre aussi quelques problèmes de nos compatriotes. Tenez compte de l'état que nous avons trouvé la forêt ». « Niet ; vous devez respecter le délai prévu dans l'accord du dialogue. Nous avons longtemps toléré ces pratiques pourries, c'est le temps de restaurer la démocratie en forêt équatoriale ». « Ok ; calme-toi, tu es l'animal que nous devons beaucoup du respect dans cette forêt, je te considère comme la saveur de la forêt équatoriale. Veuillez comprendre ; le gouvernement a marqué la bonne volonté en achetant un lot de matériel nécessaire qui va nous arriver bientôt ; dit le renard ancien ». « Niet ; trois ans, c'est trop, prenez deux ans, sachez bien qu'après deux ans, sans vote, il y aura les actions les plus sanglantes de l'histoire de la forêt équatoriale ».

Dans une semaine, ours confia à la justice, la mission d'arrêter tous les animaux qui prononçaient les mauvaises paroles pendant la manifestation. Ils interpelèrent plus de deux cent animaux, jugés à l'intérieur du centre de télésurveillance. « Première bête ; à la barre, raconte-nous ceux que tu disais lors de la marche du tigre » « non chef ; tout le monde chantait, personne ne pouvait comprendre l'autre » « attend tes paroles dans une minute ». L'opérateur balança les images à l'écran de mur, cliqua sur son visage ; voici l'image parla : « nous allons manger la viande de ours aujourd'hui, associer au manioc, un voleur ; doit mourir » « pardon ! pardon chef ; c'est ma voix, ne me tue pas ». Cette technologie éclata le regret des animaux présents dans la salle.

Le président ; autorisa leur libération pour servir de la propagande. Toutes les bêtes épouvantées en forêt équatoriales, aucune ne sollicita de parler de la politique de peur que son image ne soit captée et transmise au centre de télésurveillance.

Ours revint sur la préméditation de l'aigle ; l'invita à sa présidence, et lui dit : « maitre ; je ne suis pas rancunier, mon souci est de s'unir un seul animal pour le bien de notre population. Mais, les propos que tu as tenu en présence d'éléphant, ne m'a pas enchanté, si tu as besoin d'argent ou des fonctions ; il y en a pour tout le monde, efface ces genres de pensés dans ta tête ». « Oui Excellence ; j'abandonnerai mon combat à une condition » « laquelle » « remets-toi dans le chemin démocratique, travaille pour la forêt, et non ton ventre ». « Ah bon ! depuis quand tu es porteur du bonheur ». Ordonna l'hyène, son ministre de défense de garder sa vie dans un cachot clandestin. « Excellence ; rien nécessaire à pardonner l'aigle, il constitue un danger pour toi ; les propos de l'hyène ». « Amène-là pour la dernière question ». « Maitre ; tu en visage quoi pour ton avenir ». « Rien ; je demeure fidèle à mes paroles, je ne peux pas trahir la forêt équatoriale ». « Ok, dans ce cas, tu seras responsable de tous ceux qui t'arrivera ». Il signala par geste de lui couper la gorge.

Deux semaines d'attente ; okapi tient le point de presse, et dit : « la société civile exige la libération, sans condition, de son maitre aigle, disparu depuis vendredi matin. Et nous mettons en garde, l'hyène qui, orchestre encore les cahots clandestins dans cette forêt ; cette pratique doit cesser, notre constitution n'en prévient pas ! et nous profitons sans cesse de signaler la justice d'en tenir compte. Si dans quarante-huit heure le maitre ne sort pas, il aura du pire en forêt équatoriale ». « Pour quoi lion a été assassiné ; à son époque, la souffrance n'était pas ainsi. Même affamé, on se baladait jusqu'à x-temps, le kidnapping bat record aujourd'hui, tout un centre de télésurveillance installé pour sanctionner les manifestants, les voleurs main armée libres dans leurs activités ». Les animaux réclamèrent encore la survie du défunt président, or, ils souhaitèrent sa mort tous. Le matin avant que l'okapi n'ouvre sa maison ; les agents de renseignent frappèrent sa porte. « Tu es arrêté ». « Mais, pourquoi ». « Manquement grave et outrage envers l'autorité ». « A qui est-ce, j'ai manqué du respect ». « Nous n'avons pas les explications à te donner, tu vas te justifier devant les juges ». Sa femme et ses enfants pleurèrent de son départ. Il les encouragea de ne pas continuer la tristesse, plutôt d'aller signaler tigre de son arrestation.

« Okapi, mon mari, a été arrêté ce matin, acheminé en prison ». « Niet ; cette bête ne peut pas considérer tout le monde comme son caca, quand est-ce, la démocratie aura sa place dans cette forêt ; maitre aigle est porté disparu, comme une petite aiguille dans le sable, Ours envoi encore ses agents pour emprisonner okapi. Non ! je ne fermerai jamais l'œil pour ce problème. S'il n'autorise pas sa libération ; cette prison sera écroulée aujourd'hui, trop c'est trop ». Tigre se met en route vers la prison. Etant la saveur de la forêt équation, beaucoup de jeunes animaux bannirent la peur de la surveillance, le suivirent en train de chanter, des banderoles rouges : « libérer okapi, libérer aigle, nous voulons la liberté d'expression ». Ours entend les bruits partout, demanda à ses rapprochés la signification de ces cris. « Excellence ; c'est, tigre à la direction de la prison pour exiger la libération de l'okapi ». « Ah bon ! ». « Oui » « renforcer le dispositif de fourmis à la porte de prison avant qu'il arrive avec ses voyous ». « A vos ordres ». Les fourmis voudraient persister à la porte ; tigre-les bouscula, entra à l'intérieur de la prison. Ainsi, la fourmi en chef dit aux jeunes : « vous pouvez retourner, ni tigre ni okapi, aucun d'eux ne sortira plus, de cette prison ». « Ah non ! tu vas nous emprisonner tous ». Le combat se déclencha à la porte de prison, ils ravirent les armes de trois fourmis. Les restes commencèrent à tirer en l'air pour dissuader ces animaux, rien, ils luttèrent jusqu'à écrouler le mur de la clôture. Une de fourmis tua par balle deux animaux. Oh là ! c'était maintenant le vrai feu. Une fourmi éliminée. La fourmi en chef voyant cette intensification de feu ; elle appela Ours au téléphone, et lui dit : « Excellence ; l'allure qu'apprit les désordres n'est plus à notre niveau. Au moment où je te parle, nous enregistrons trois morts ; une fourmi et deux de leur côté, la clôture de la prison démolie. Tigre est dedans déterminé, marteau à sa main, en train de bousier les serrures pour libérer tous les prisonniers. Si je m'engage, il risque de m'attaquer et m'éliminer » « sur ce ; je t'envoie une délégation ». Il dépêcha ; l'hyène ministre de la défense, zèbre ministre de la communication et porte-parole du gouvernement, loup, directeur général de renseignement. Lâcha okapi, promettra la libération de l'aigle pour le soir, tigre rentra chez lui.

Ours changea la méthode, cette fois-ci, au lieu d'arrêter les animaux manifestants ; il confia aux fourmis les images produites par le centre de télésurveillance, pour tuer un à un. Alors, les deuils furent en forêt équatoriale, chaque famille. Le ministre de la santé annonça au media d'une apparition, d'un virus indétectable, au laboratoire médical, incurable, il se prolifère dans un organisme et provoque la mort ; quatre minutes après la contamination. « Il faut que chacun se protège à son domicile, pas d'attroupement, les échantillons sont envoyés au renard ancien pour l'examen approfondi, dans un laboratoire moderne, interdiction formelle de toucher les morts ».

Les chiens en promenade ramassèrent le cadavre de l'aigle décomposé. « Ah ! qui gouvernera la forêt équatoriale, le maitre a été assassiné » « Est-ce, les animaux ont peur de la loi » « comment avoir peur tant que les animaux dirigeants sont au-dessus de la loi. Le respect de la loi est réservé aux pauvres, si tu es riche ; tu es libre ». « Mais, il est interdit de toucher les cadavres, ces jours » « oh ! mon cher, je ne peux pas abandonner, le défenseur de droit de l'homme, dans cette brousse ». Ils l'amenèrent au centre de la forêt ; voyant le corps de l'aigle, tigre pleura, décida de payer ses propres médecins pour l'autopsie. Le résultat dévoila la torture infligée le maitre. « Comme toute la justice dépende de leur vouloir, aucun service de sécurité capable d'entamer les enquêtes, je m'engage dans cette lutte, pour détecter celui qui tue les animaux. Il n'y a aucun virus ; imagina du tigre ».

Il se réfugia pendant un mois dans sa chambre, invoqua tous ses esprits, pria la neutralité de ours. Voici un esprit de grand buffle lui apparut avec un visage illuminé, il fut incapable de lui fixer son regard, voulut s'échapper. « Ne tremblote pas, il faut savoir distinguer les époques ; le temps que tu as combattu en esprit est expiré, maintenant, la science bat record. Voici ce que tu appliqueras » « eh ! quel oracle ; s'exclama tigre ». A la fin de son carême ; tigre inventa un appareil sous forme d'une bombe fumigène, qu'il appela « anti-surveillance ». Tira cet arme en haut, les fumées couvrirent la surface aérienne de la forêt équatoriale, la salle de télésurveillance de ours s'obscurcit, aucun capteur ne put transférer les informations. L'équipe des opérateurs se bousculèrent pour trouver solution à cette panne, personne ne pouvait y parvenir. Ours tua tous les opérateurs, engagea que les renards et les scorpions, ce phénomène surpassa le renard ancien.

Tigre réunit le meeting, une grande foule répondit présente. « Vous vous plainez beaucoup les animaux de la forêt équatoriale, mais, vous êtes à la base de votre propre trahison. Vous acceptez n'importe quoi pour s'entretuer ; N'avez-vous pas remarqué, chaque fois que vous pointez un doigt accusateur sur quelqu'un, vous en pointez trois sur vous-même, et le cinquième doit est pointé vers Dieu comme témoin ? cela implique que, chaque animal est à septante-cinq pourcent la cause de ses problèmes. Si quelqu'un d'autre doit partager cette responsabilité, c'est seulement pour un maximum de vingt-cinq pourcent. Celui qui n'utilise pas des nouveaux remèdes doit s'attendre à des nouveaux malheurs. Donc, il est temps de réfléchir pour entraver les scorpions et les renards à prendre le dessus en forêt équatoriale. Sinon nos générations payeront cher à notre poltronnerie. De deux ; vous êtes préoccupés par la mort de l'aigle, c'est vrai, ça fait mal quand on perd un être cher. Mais, je n'ai pas voulu entreprendre les actions à une année des élections, ours aura raison d'un nouveau glissement. D'ici peu, il y aura un gouvernement responsable ; l'état de droit sera instauré, chaque criminel répondra à ses actes devant une justice indépendante. Je vous annonce ma candidature à la présidentielle. « Oh... ! ». Ce message renouvela la joie de vivre en forêt équatoriale. A partir de là, on confirma tigre ; « la saveur de la forêt équatoriale ».

« Non ; il faut organiser les élections, je rêve que du sang en forêt ; tremblota Ours ». « Excellence ; tigre fut dans cette forêt quand serpent boa régna vingt-cinq ans, de même pendant huit ans du lion » « non ; l'hyène, je ne veux pas mourir avant l'âge, mes enfants sont bébés, les renards n'ont pu rétablir la connexion du centre de télésurveillance, c'est grave, organisons les élections pour calme cet animal ». L'éléphant annonça le dépôt de candidature ; le premier à déposer, Ours accompagné de ses fanatiques, chantèrent les chansons de toute victoire. Le deuxième était girafe ; celui qui était le ministre des affaires intérieures. Le troisième, chameau le ministre chargé de transport. Avec quatre-vingt septe autres candidats. Malgré tous ces candidatures ; les animaux attendirent que le jour où tigre se présenterait à la commission électorat. Ils sensibilisèrent toutes les bêtes, répétèrent les chansons prêtes de transporter la saveur de la forêt équatoriale, lors de son dépôt. La date finale s'approcha ; les animaux se rassemblèrent à la résidence du tigre, le matin pour s'assurer de son retard : « nous voulons savoir ce qui signifie ton silence ». « Oui ;

mes compatriotes, je vous remercie pour votre soutien et fidélité. J'ai cogité à plusieurs choses, cela m'a poussé à résister ». « Ah non ! pourquoi ; maudit soit l'ange qui m'a déposé en forêt équatoriale, la joie de notre forêt, se transforme en misère de sa population ». « Ecoutez ! écoutez ; je ne suis pas tous ceux que vous raisonnez, nous nous sommes convenu à cette stratégie ; vous allez tous, voter pour girafe, je serai son premier ministre pour vous constituer un gouvernement responsable qui respectera l'Etat de droit ». Les animaux déçus de ses propos, se dispersèrent, continuèrent à discuter ; « pourquoi cet animal veut être que premier ministre, est-ce, il y a une faculté à l'université qu'on étudie uniquement comment assumer la primature. C'est sûr qu'il bouffe l'argent la nuit, la journée, il vient nous embêter » « ah ! il était l'espoir de la forêt équatoriale, mais, il a tout gâché, il nous a trahi ».

Lors des votes ; les animaux votaient massivement pour girafe selon les consignes de leur leader. Proclamation des résultats :

- ✓ Girafe : quarante pourcent ;
- ✓ Ours : quarante-cinq pourcent ;
- ✓ Zèbre : dix pourcent et éliminer au premier tour. Regret et chagrin en forêt équatoriale, avec un peu de souffle pour le deuxième tour, prévu après deux mois. Les jours ne tardent pas, les animaux encore devant les urnes. Cette fois-ci ; déterminer pour amener girafe à la tête de la forêt équatoriale. A minuit, l'éléphant proclama les résultats comme suite :
- ✓ Girafe : cinquante-deux pourcent ;
- ✓ Ours : soixante-dix pourcent. Coup de foudre en forêt équatoriale ; le calcule dépassèrent tout le monde, quel que soit le nombre de tes diplômes.

Girafe jura : « comme les élections sont confondues au coup d'Etat, en forêt équatoriale, on s'engage tous aux violences ». Il séduisit un nombre importent des fourmis et leurs chefs, déclencha la guerre au centre de la forêt. A ce temps-là, il a fallu certains stratagèmes de la part de Ours pour éloigner le danger. Laissa ses fourmis en train de se combattre, appela au secours ; le renard ancien et l'autorité des scorpions. La corruption, la bière, le pouvoir, l'argent furent les armes les plus employées pour diviser les animaux en forêt équatoriale. Ces derniers s'entretinrent avec le commandant opération du côté girafe ; embrassa les cadeaux.

Prépara ses fourmis pour attaquer la résidence présidentielle, sa fourmi en chef, lui répondit : « Mes respects chef, cette forêt est démocratique, les élections ont été organisée et il y a quelqu'un qui en avait gagné, nous devons du respect à celui-là. Par conséquent, tous les fourmis nous sommes obligés de rejoindre les fourmis gouvernementales pour servir notre forêt ». Girafe baissa la tête, regarda le ciel et la terre ; prononça ces mots : « je maudis le jour que je te rencontré dans ma vie, c'est vrai, okapi avait raison ; en forêt équatoriale, un animal défend l'intérêt général lorsqu'il est affamé. A dieu ». Le lendemain de séparation, Ours la renomma fourmi en chef de toute la forêt équatoriale.

Jugea bon de continuer sa constations par des manifestations sanglantes. Le renard qui ne voudrait pas voir ses intérêts menacés, organisa un festin, sans intelligence ; girafe rehaussa sa présence à ce dernier. Les animaux de cour pénale apparurent, lorsqu'il voulut regagner la forêt équatoriale, on lui présenta un mandat d'arrêt International. « Ah bon ! pourquoi ». « Tu le sauras devant un juge compètent ». Les échos retentirent dans tous les sens en forêt équatoriale. Les animaux se demandaient, l'objectif de son arrestation, tant qu'il avait plein droit de réclamer sa victoire ; personne pour une repose claire. Les uns disaient ; « le recrutement de jeunes animaux, moins de dix-huit ans des un mouvement insurrectionnel », les autres ; « ça ne devrait pas se passer comme ça, l'imbécile de Ours a vendu notre forêt aux renards ». Les désordres éparpillés, jusqu'à tel point, aucun animal ne put manger ni boire.

Il a fallu l'intervention du tigre pour calmer la tension qui était déjà à mille trois cent vingt degré. La saveur de la forêt tint le point de presse, et dit : « je rappelle à la conscience de tous les animaux, observons du calme et ne cédons à la querelle, l'ennemi de la forêt équatoriale en profite. Je vous ai toujours prévenu ; notre pouvoir ne s'obtiendra pas dans la violence et les armes, mais, dans la voie démocratique ». Les uns l'appelaient ; monotonie du succès, les autres la saveur. Le silence se régna sur toute l'étendue. Les animaux murmuraient entre eux ; « peut-être, Ours lui confiera la primature, voyons l'évolution politique ».

Profita de ce climat paisible, publia son gouvernement. Zèbre promus comme premier ministre, la femme de Ours advint présidente de l'assemblé nationale. Oui ; en forêt équatoriale leur loi les autorisa d'être candidat à six ou sept postes au même processus électorat ; candidat président, candidat députe national et provincial, candidat conseiller municipal, candidat gouverneur de la province, et cetera. Avoir les membres de la famille à tous ces postes comme suppliants ; ta femme ; ton enfant, beau-père et belle-mère, belle-sœur et beau-frère, cousin et cousine, oncle maternel et paternel. Une fois gagnant partout-là, tu prends le poste, le plus élevé, ta parenté se partagera les restes.

« Dieu du ciel ; à quoi nous t'avons offensé pour mériter ces misères, les dirigeants foutrons dans notre forêt ; zèbre qui a eu dix pourcent aux élections, nommé premier ministre, girafe le gagnant au votes se retrouve prisonnier, le néant Ours, commandant suprême ! quelle injustice dans notre forêt » « Mon cher ; dans cette forêt, si tu as l'occasion aux fonds publics, je te conseille de détourner le montant qui te convient, l'animal qui donnera le sens à la gouvernance est encore au sein de sa mère. Avant tout ta poche ». « Ah ! peut-être quand tigre aura le pouvoir ». « Oh ! oublions la distraction de cet enfoiré ».

A ce temps-là, les scorpions envahis d'avantage la forêt sous couvert des renards ; toute sorte de turbulences. Ours dépêcha les fourmis du côté où ces derniers troublaient l'ordre publique. Elles trouvèrent ; les violences, l'exploitation abusive des verdures, égorgeaient même les animaux qui résistaient à leurs impositions. La fourmi en chef émue de ces méfaits, elle lança l'offensive contre ces derniers, tua trente-neuf scorpions, sans compter les blessés. Cette opération attrista l'autorité des scorpions et le renard ancien. Ils convoquèrent Ours, et leur dit : « On ne s'était pas entendu comme ça, nous t'avons facilité l'accès au pouvoir, tu nous as promis l'occupation et l'exploitation libre des verdures, aujourd'hui ; tu autorise ta fourmi en chef de tuer nos éléments de manœuvre ». « Non ; je ne l'avais pas donné cet ordre ». « Ok, rien ne sert à discuter, arrange-toi, nous ne voulons plus la présence cette imbécile dans cette forêt, il faut l'abattre ». « Oh non ! ma réputation » « ok ; comme tu as besoin de l'honneur, le pouvoir te dira au revoir ». « Apaisez-vous, il y aura une réponse favorable ».

Une semaine après les atrocités, proclama une réunion de réconciliation, à l'extérieur de la forêt équatoriale. L'autorité des scorpions fut médiatrice. Ours délégua la fourmi en chef, son représentant. Trois jours de discussion, sans aucune solution concrète. La fourmi en chef retourna en forêt. Deux jours à sa résidence, elle eut malaise, on lui amena à l'hôpital, le cinquième jour ; elle cassa la respiration. Les animaux se divisèrent en deux parties ; les uns disaient : « on a empoisonné notre vaillant héro, celui qui devrait mettre fin à l'insécurité ». Les autres contredisaient : « elle a payé le prix de trahison, girafe est en prison à travers ses complots ». Au-delà des débats menés la population ; Ours nomma sans retard, une autre fourmi en chef qui respectera ses engagements. L'ambiance des scorpions et renards en forêt équatoriale.

Le rhinocéros, le directeur de cabinet du président Ours ; activa le recrutement dans le parti présidentiel. Et c'était l'adhésion massive des animaux de tout âge, il intimida toute la forêt équatoriale ; si tu n'es pas du parti présidentiel, oublie les fonctions et le bien être pour toi. Beaucoup de bêtes abandonnèrent tigre pour se positionner parmi les animaux rassasiés. Ce mouvement naquit plusieurs partis politiques en forêt. Ils découvrirent que, vivre le bonheur ; il faut appartenir à un parti politique, de l'obédience présidentielle. L'unique emploi facile ; être fanatique du président de la forêt équatoriale.

Quinzième année de Ours, le renard ancien convia tigre, et lui dit : « cher ami ; il vous reste deux ans pour le deuxième fois d'élections, moi et toi sommes les amis depuis notre jeunesse ; nous avons jugé bon de confier le pouvoir. Cette fois-ci, es conditions biens connues ». « Niet, mon pouvoir ne viendra pas chez vous, je n'ai pas une seconde à céder à votre malignité diabolique. J'aurai le pouvoir par voie démocratique, ce sont mes compatriotes qui me le confiera, pour leur servir ». « C'est vrai » « oui ; écris la date d'aujourd'hui, toi et tes amis, vous contemplerez un jour, la forêt équatoriale par vos fenêtres ». « Eh ! veuillez m'excuser, si je t'ai offensé ». « Ne m'appelle plus pour ces genres de propos ». Tigre jeta le verre sur la table, et sortit.

Le renard ancien attristé, proposa l'élimination du tigre. « Ours ; Tu veux régner toute ta vie, accourcit les séjours de cette bête sur la terre ». « Oui ; tu as raison, mais, comment l'avoir ». « Oh ! c'est facile, crée un climat qui touchera à l'intérêt public. Il ne trainera pas de contester par une manifestation ; ça sera une occasion ». « D'accord ».

Comme d'habitude, le soir, certains animaux, devant leurs télévisions pour se distraire. La bande filante signala un communiqué importent de la présidence, à vingt heure. Cette nouvelle se propagea dans toute la forêt, les animaux furent impatients de le suivre. A l'heure précise, rhinocéros débuta la lecture des documents à la radio nationale : « ordonnance loi numéro zéro cinquante-neuf, barre, zéro quarante-quatre du deux novembre, deux soixante ; confiant la propriété permanente des entreprises. Article un : A dater de ce jour ; le port en eau profonde de la forêt équatoriale devient la propriété privée de l'honorable présidente de l'assemblé, femme de son Excellence. Article deux : Toutes les carrières minières sont léguées à la disposition des renards, qui en exploiteraient selon leur bon vouloir. Article trois : La société nationale d'électricité restent à la disposition de l'honorable, premier ministre zèbre ; qui engagera les animaux de son choix et les recettes seront orientées dans sa poche. Article quatre : Sont abrogées toutes les dispositions antérieures contraires à la présente loi. Article cinq : Le premier ministre et ministre de l'économie sont chargés de l'exécution de la présente loi qui entre en vigueur à la date de sa signature ».

« Niet ! niet ! ça ne peut pas se faire tant que je suis en vie, dans cette forêt. Sortons tous, barrons la route aux pilleurs de la forêt équatoriale. Non ; Ours veut se moquer de nous, il a posé des pierres partout ici, pas même une installation hygiénique, huit ans au pouvoir. Nous marcherons jusqu'à l'annulation de cette ordonnance ». Travailla toute la nuit dans son laboratoire, vérifia la surveillance ; aucun dispositif de télésurveillance configuré. Inventa une tenue sous forme de salopette ; intitulée "anti vision". De façon que, tout celui qui a un objet métallique à la main, ne peut jamais voir celui qui la porte. Cette habille fut en même temps aveuglante et anti balle. A cinq heure du matin, cria dans tous les sens en forêt ; « réveillez-vous, il est temps de dénoncer les méfaits de ce marionnette ». Tout le monde se mit en route ; tigre devant. Chaque animal avait une feuille à la main où c'était écrit ; nous disons non au gaspillage de notre richesse.

Pendant la manifestation, les fourmis étaient réparties dans tous les coins, tiraient les gaz lacrymogènes et les coups de somation pour disperser les animaux manifestants.

Mais, leur objectif principal était d'assassiner la saveur de la forêt équatoriale. Tous les animaux voyaient tigre devant la masse des autres. Mais ceux qui voulaient le tué, ne voyaient rien, ils entendaient sa voix. La fourmi en chef leur demanda, et dit : « jusque-là, vous continuez qu'à tirer les armes, vous l'avez éliminé ». « Non chef ; on l'entend parler, mais, on ne l'aperçoit pas ; répondit la fourmi chef d'équipe ». « Oh là ! les vaux rein, tout le monde confirme sa présence dans cette manifestation ». Descendit lui-même sur terrain, de loin, regarda et voyait tigre, au moment où elle fit sortir son pistolet pour le tirer ; le rayon illuminé frappa, obscurcit ses yeux. Elle appela Ours au téléphone, et lui dit : « Excellence ; nous risquons d'exterminer les animaux innocents à cause de ce monstre ». Celui-ci dépêcha rhinocéros pour sursoir l'ordonnance, jusqu'au nouvel ordre. Tigre arrêta la manifestation et les animaux retournèrent chacun chez lui. Le bilan donna deux mille six cent animaux morts, trois mille cinq cent blessés à travers toute la forêt.

Ours ordonna son gouvernement de se réunir, et annonça les nouvelles mesures : « Ecoutez-moi bien ; tous, nous sommes les animaux forts dans cette forêt, et moi Ours, je n'ai pas peur de qui que ce soit. A partir d'aujourd'hui ; maintenons la même vitesse. Chaque fois que tigre organisera un rassemblement dans le sens de contester à nos actions, nous tuerons et saccagerons tous les animaux qui s'hasarderont d'y participer. Comme ça, ils seront effrayés, et nous vivrons le pouvoir, sans pression, jusqu'à l'éternité. A ce qui concerne les ordonnances ; cette décision reste en vigueur, et chacun doit s'occuper de ce qui lui a été confié par cette dernière. Mettez-vous en tête que, tigre est l'ennemi de notre pouvoir ». Rhinocéros demanda la parole, et dit : « Excellence ; après tout, tu es président parce qu'il y a des animaux dans cette forêt, mais, constate ces dernières années, nos réunions et discours tournent au tour d'enrichissement et conservation du pouvoir, aucun point ne traite du bien-être social de notre population. Nos verdures abandonnées à la merci des animaux étrangers. Evitons la distraction, cherchons comment développer notre forêt... » « Ok ; je t'ai assez entendu, quand j'analyse ton intervention, je sens une crise de confiance, ce n'est pas un langage qu'un directeur de mon cabinet peut tenir ». « Mais, Excellence... ». « Ferme ta gueule ; qui t'as autorisé de parler ». Rhinocéros se révolta, et approcha Ours pour répliquer la gifle ; l'intervention de la fourmi en chef, rhinocéros s'échappa, alla se cacher dans la forêt voisine, créa son propre parti politique.

A quatre ans de mandat, il fallut un président de commission électorat à la place d'éléphant qui avait pris la poudre d'escampette, lorsque les animaux voulurent sa tête. Cette fois-ci, Ours confia aux confessions religieuses de la forêt équatoriale, de se choisir un autre animal pour continuer les processus. Depuis un mois, les animaux religieuses incapables de présenter un seul animal à ce poste ! de réunions, conférences sans aucune solution ; ils se chamailler à chaque fois qu'ils se rencontraient. A ce propos, Ours leur dit : « vous avez bouffé beaucoup d'argent sans rien faire, par conséquent, pangolin reprend la commission électorat ». Aucun animal ne put réclamer à cause d'incompétence marquée par ces dernières.

« Je suis vieux, les jours que j'ai vécu sont nombreux que ceux qui me reste sur la terre. Non ; il me faut que j'arrache le pouvoir, de gré ou de force, doter la forêt équatoriale la démocratie et la justice responsable que j'ai longtemps prôné ». Après avoir raisonné seul dans sa chambre ; tigre décida de postuler pour sa première fois aux élections présidentielles. L'attente de tous les habitants, les milliers d'animaux allèrent, l'accompagner au bureau de la commission électorale. Après avoir déposé sa candidature ; il tint un discours, et dit : « ça sera pour moi l'opprobre de mourir, laisser le pouvoir entre les mains des animaux inconscients, immatures ; j'ai résolu de participer seul aux votes. A ce qui concerne la campagne ; ces voleurs viendront vers vous avec leurs cadeaux empoisonnés ; les tricots, les chapeaux et les fouloirs pour gagner votre confiance. Je vous conseille de prendre tous ceux qu'ils apporteront, même s'il s'agit d'argent, prenez bouffer, c'est la richesse de notre forêt, mais notre choix est connu. Une autre embuche, abandonnons le tribalisme, sinon ; le développement ne s'acquiert pas dans la division ; l'unité de la forêt équatoriale est notre force ».

Le dépôt de la candidature du tigre fut l'actualité à la une, en forêt équatoriale. Les animaux discutaient entre eux : « cette fois-ci, notre forêt aura un président digne de son nom, celui qui saura prendre nos besoins en considération. Les emplois chercheront les employés, au lieu d'être spécialiste ou docteur en lettre demande d'emploi. Il aura cent pourcent de voies » « Oui ; mon cher, attendons d'abord le tenu des élections, je doute fort que Ours quitte le pouvoir sous silence ». « Quel que soit les multiples paraboles que tu peux avancer, sache mieux que la saveur de a forêt équatoriale gagnera avec une grande distinction, ces élections ». « Ok ; c'est ça notre souhait ».

Le vote se discuta entre trois animaux : tigre ; l'opposant radical et candidat préféré en forêt équatoriale (numéro un). Rhinocéros ; l'opposant républicain (numéro deux). Et Ours ; le président au pouvoir (numéro trois). Proclama les résultats de premier tour comme suite :

- Candidat numéro un : trente-huit pourcent de voix ;
- Candidat numéro deux : trente pourcent de voix ;
- Candidat numéro trois : trente-deux pourcent de voix.

Au vu de ces résultats, rhinocéros fut écarté au premier tour ; il voulut engager les démarches pour réclamer, mais en vain ; surtout que tous les animaux furent contents de résultats qui classés tigre en premier position. Ils ne purent écouter les cris que pousser ce dernier. Ils attendaient que le second tour des élections.

Président de la commission électorale autorisa un mois de propagande. Les animaux votèrent massivement pour tigre. Lorsqu'il s'agit de publier le second tour ; pangolin alla voir Ours à sa résidence, et lui dit : « Excellence ; je suis devant un fait accompli ». « Quoi encore ; s'agita Ours ». « Les résultats sur ma table, tigre a rapporté avec quatre-vingt-dix pourcent, tu as eu dix pourcent. Raison pour laquelle je suis là, pour obtenir ton dernier mot ». « Tu la boucle ; ce n'est pas pour telles questions, que je t'ai nommé. Je savais que tigre me dépassera. Alors ton travail est de bouleverser les résultats. Écoute-moi bien ; tu dois reporter la publication à une date ultérieure pour retailler les résultats ». « Excellence ; ma protection ». « Ne t'inquiète ; aucun animal ne te touchera, après tout, tu as l'argent, tu peux t'installer où tu veux ». « Mais Excellence ... » « tais-toi ; j'attends de toi des résultats selon mon cœur ».

A tout ce temps, la forêt équatoriale fut calme, tout le monde impatient de savoir la date de la publication de vote ; murmura, et disait : « au premier tour, les choses n'avaient pas trainé, mais que signifie ce retard, de report en report de la date. Il faut que tigre et ses amis soient vigilant ; ses animaux sont capables de traumatiser n'importe quoi pour satisfaire à leur besoin ». « Non ; pangolin est honnête, vous avez vu comment a été les résultats du premier tour ». « Oui ; on en disconvient pas, le résultat qui donnera le président est celle du second tour ». « D'accord ; gardons patience au lieu d'incriminer les amis qui travaillent ».

A quatre heure du matin, le jour de la publication des résultats, par ordre de Ours ; la fourmi en chef positionna ses fourmis partout les coins de la forêt équatoriale, munis des armes de tout calibre. Ce signe poussa les animaux à réfléchir : « pourquoi cette bête a préférée nous confiner à domiciles, pendant que nous préparons festiner la première alternance à dix septe heure » « Que pense tigre à travers tous ces gestes » « il a dit de ne pas donner la chance aux sorciers, vaut mieux la fin d'un processus que son commencement ». « Aie ! c'est tous, qu'il a répondit ». « Oui-oui ». A seize heure, la fourmi en chef avec un nombre important de ses éléments, plaça le pangolin dans un char de combat. Ils tournèrent le centre de la forêt, en train de lire l'historique du processus électoral. Les résultats se proclamèrent comme suite :

- Tigre : cinquante-trois pourcent. Les animaux poussèrent les cris de joie, battant les tam-tams. A cause de bruit ; le pangolin prit un instant, avant de donner le résultat de l'autre candidat. Recommença ;
- Tigre : cinquante-trois ;
- Ours : cinquante-huit pourcent. « Ah non ! il a précipité d'installer ses fourmis pour nous empêcher la contestation ». Les animaux sans les nerfs solides moururent d'émotions.

Tigre étant un animal de principes, il commença par introduire sa lettre de réclamation auprès de la cour constitutionnelle. Après une semaine, la réponse sortit négative en sa faveur. La cour autorisa Ours de prêter serment comme le président élu. « Niet ; je ne peux jamais tolérer unième coup d'Etat à mon âge ». Pour confirmer que le pouvoir émane de la population animale ; il exhorta tous les animaux de se rassembler au marché centrale, à huit heure juste ; le lieu où il dut passer sa cérémonie de la prestation du serment étant que président élu. Cette déclaration stimula les animaux, les uns et les autres se décidèrent de dormir au marché pour attendre le serment du tigre. Le matin, il s'apprêta pour se rendre à l'endroit prévu, trouva sa résidence en cercler par les centaines de fourmis. Voulut forcer le passage comme son habitude ;

léopard l'appelle au téléphone, et lui dit : « chef ; je te prie de rester à ta résidence, la tension est mystique sur terrain, même les millions d'animaux, au marché sont dispersés par les gaz lacrymogènes, ta présence ici provoquera les millions et millions de morts. Jusqu'aux après-midi sans changement de situation. La saveur de la forêt équatoriale prêta serment à la porte de sa résidence en présence de sa famille. Ça fait en même temps rire, et pleurer la vie en forêt équatoriale.

« Père de la démocratie ; toi qui préconise le respect de la constitution, est-ce, normal, de prêter serment à la maison ? ». « Il faut comprendre les enjeux de l'heure, chers journalistes ; j'ai juré devant Dieu et la population qui m'ont voté. Ours a raison de prêter serment devant les juges et les ambassadeurs qui l'ont nommé ». « Non ! non ! non, tu es drôle honorable ». « Rectifie ta qualification ; je suis Excellence élu avec soixante-dix pourcent de voix, pas honorable ». « Veuillez m'excuser Excellence ». « Votre dernier mot Excellence ». « Ok ; je profite vos micros pour lancer l'appel à tous les animaux, soyons déterminé et debout pour récupérer notre pouvoir ».

Ours promut trois proches collaborateurs du tigre dans son nouveau gouvernement, sans leurs demander l'avis. « Tout celui qui travaille pour l'intérêt général de la forêt équatoriale ne répondra pas à cette offre empoisonnée ; déclara tigre ». Au respect de ce propos ; léopard qui fut nommé ministre d'agriculture résista. Le caméléon et la grenouille ; l'un et l'autre s'encouragèrent : « mon cher ; chacun est responsable de sa vie, nous ne sommes pas soudés ou condamnés à être compagnons du tigre. Nous l'avons suivi depuis vingt-cinq ans, quoi de spéciale que nous avons gagnée, nos familles souffre de faim ; il bouffe seul, l'argent que tout le monde contribue pour le parti. Ce n'est pas facile d'être ministre dans cette forêt. Ours a eu la bonne volonté de nous promouvoir ; il faut être fou pour rejeter la bénédiction pareille ».

Comme d'habitude ; les tributs caméléon et grenouille adressa une lettre de remerciement en l'honneur de Ours : « Nous, ethnie caméléon et grenouille ; félicitons son Excellence, le commandant suprême de fourmis en forêt équatoriale d'avoir songé aux familles des animaux délaissés en élevant nos compatriotes au rang de ministre chacun. Nous déclarons notre fidélité envers lui et tout son clan politique. En outre, nous mettons en garde les menaces et les violences du tigre, nous invitons tous les animaux à ne pas céder à la haine et se rallier derrière notre président pour qu'ensemble nous construisons notre forêt ».

« Niet ; ces petits animaux veillent pénétrer leurs doigts dans mes yeux, ça ne sera pas le cas. Taper mes épaules, je peux encore accepte, mais pas jusque-là. Est-ce ces animaux comprennent au moins ce que j'ai besoin dans cette forêt. J'ai sacrifié toute ma jeunesse, aujourd'hui ma vieillesse ; pour obtenir la démocratie et la bonne gouvernance ; mais, les animaux de la forêt équatoriale, me paient toujours en monnaie de singe ». « Chéri ; à quoi tu raisonne, seul tu parles » « Oh ! mon amour ; tu n'es pas au courant de la lettre caméléon-grenouille ». « Oui chéri ; ce sont les bêtises des animaux inconscients de la forêt équatoriale, nous sommes habituer ». « Mon amour ; pas quand même les bêtes que j'ai ramassées au fin fond de la forêt ». « Oui ; calme-toi, le médecin t'a interdit d'approfondir la réflexion, vu ton âge ». « Mais, je vous jure chérie ; cette bête vivra les derrières de dégâts qu'il n'oubliera jamais, jusqu'à l'enfer ». « Hum ! chéri ; Dieu t'a révélé que, Ours ira en enfer ». « Pourquoi pas, un animal sans amour du prochain, il est écrit ; tout celui qui n'a pas l'amour ne verra le paradis. Facile à discerner qui ira au ciel et qui sera jeté au feu ». « Hum ! ça suffit cher pasteur mon mari ». « Oui ; nous savons la bible, à part la politique ». « Je suis contente mon chéri, je te vois maintenant souriant ». « Merci beaucoup mon amour pour ta consolation ».

Quelles qu'en soient les réclamations des animaux, les affaires gouvernementales évoluaient sans inquiétude. Ours ne répondait à aucune question. Un jour, convoqua le premier conseil des ministres, et leur dit : « vous êtes arrivés au bon temps ; le moment de manger et de boire, l'animal lourd de la forêt équatoriale, affaibli par la vieillesse. Je m'adresse aux nouveaux promus dans cette salle, ici, nous avons un principe intitulé ; "laisse-moi bouffer, c'est mon temps". Alors, vous n'êtes pas là pour inspecter les autres, il faut savoir créer vos propres projets pour amasser de l'argent. Les renards et les scorpions sont nombreux, en recherche d'emplois dans notre forêt ; si vous ouvrez votre magasin ou tu veux construire, travaillez avec les animaux non originaires. Ne faut pas avoir confiance aux animaux originaires de la forêt équatoriale ».

Pendant ce temps, tigre tomba malade et fut amené dans une autre forêt pour ses soins. D'une façon principale, il manquait les hôpitaux des honorables en forêt équatoriale. Il tira l'oreille de léopard lors de son départ, et lui dit : « ne faut pas engager de discussions inutiles avec Ours, soit attentif à ses gratifications toxiques ; il est presqu'à la fin de son pouvoir, il a déjà trois mandats comme notre constitution l'exige. Les élections prochaines, nous serons les gagnants à cent pourcent. Je ne vois plus un animal farouche qui fera face à nous ». « Oui ; grand père, je t'ai suivi avec attention et je te souhaite la bonne guérison ».

Ours régna son troisième mandat, partagea toutes les entreprises publiques de la forêt équatoriale, chacun dans sa poche, au détriment du reste d'animaux. Les jeunes animaux oublièrent tout autre secteur d'activité, se lancèrent dans le fanatisme politique. Toutes les plateformes médiatiques parlèrent que de la politique ; aucune ne décortiqua ni la question entreprenariat ni éducationnelles. Ceux qui ne surent pas, où commencer avec les affaires politiques, ils se furent spécialisés en lettre de la demande d'emploi et lettre de motivation. Mais, pour être admis à un service quelconque ; il fallut remplir une série de conditions, entre autre ; avoir l'expérience professionnelle d'au moins huit ans au service similaire à celui que tu sollicite, être de la majorité présidentielle. « Jésus de Nazareth ! à quel moment qu'une jeune bête qui vient de décrocher son diplôme de graduat, de licence, mastère ou encore doctorat aura l'emploi en forêt équatoriale, misérable ; réfléchit okapi ».

De plus en plus, le pouvoir devint sucré, de sorte que Ours ne pensa plus à le lâcher en faveur d'un autre animal. Une année d'élection, il rassembla tous ses collaborateurs, et leur dit : « je vous ai appelé dans ce lieu pour réfléchir comment ajouter de la longueur à notre mandat. Nous étions tous, dans cette forêt quel que soit l'âge de chacun ; le serpent boa à passer toute sa vie, président de la forêt équatoriale. Et pourquoi pas nous ». « Excellence ; tu as raison, nous risquons l'exile et prison, si on s'hasarde de mettre en pratique, le soit disant respect de la constitution. Nous sommes les faiseurs de ce document et nous sommes capables de le modifier ». « Non ; si vous osez toucher à la constitution ; tous les animaux vont se nerver d'avantage, que la raison de glissement soit autre que cela ; répondit Ours ». « J'ai une idée » « Allez-y ». « Créons les conflits çà et là en forêt équatoriale, ça sera une bonne raison pour justifier la non tenue des élections dans le délai constitutionnel, considérant que tous les moyens ont été concentrés pour établir d'abord la paix. Aucun animal n'en disconviendra ». « Oh ! quelle bonne stratégie, soyez discrets ; se réjouit Ours ». En dehors de la faim qui tua les animaux en forêt équatoriale, s'ajouta une deuxième catastrophe ; la guerre.

Jusqu'à huit mois de la fin du mandat, aucun signe ne montra la tenue de votes, les animaux murmurèrent. Ils priaient et pleuraient le retour du tigre en forêt équatoriale. Okapi rencontra pangolin : « pourquoi tous ces lenteurs dans l'organisation électorale ». « Je ne pense pas que les élections auront lieu, aucun moyen ne disponible ». « Mais, pourquoi ». « C'est une bonne question que l'animal en charge du budget et finance pourra nous répondre ». Pangolin informa son chef de la visite de l'okapi. Ours à ce tour, prépara son animal son porte-parole expliqua à l'ensemble de la forêt équatoriale le retard du processus, dit : « Nous devons compatir avec nos amis qui souffrent au nord de notre forêt. Aujourd'hui, notre ennemi commun ; est l'insécurité, c'est pourquoi notre président appelle tout le monde à l'unité pour combattre et gagner ce dernier. A ce propos, il est prévu une concertation à laquelle sortira le gouvernement d'union nationale pour conduire notre forêt aux élections apaisées ».

Lors de la concertation, okapi et léopard refusèrent d'y prendre part, par ordre du tigre. Le rhinocéros se porta garant pour représenter l'opposition avec l'idée d'arracher la primature, le renard ancien comme médiateur. Tous les participants se mirent d'accord pour former un gouvernement d'union nationale et d'ajouter quatre ans au président, à la tête de la forêt. Le premier ministre dut sortir parmi les opposants. Après avoir obtenu les accords ; il dévia rhinocéros ; nomma un autre animal, chef du gouvernement.

Cela découragea rhinocéros et regagna sa position d'opposant. Le caméléon et la grenouille démissionnèrent aussi chacun dans ces fonctions pour rejoindre de nouveau l'opposions. Ils organisèrent une marche pour contester ce gouvernement et dire non au glissement. Ours ordonna à sa fourmi en chef de positionner ses éléments partout comme d'habitude pour saboter la manifestation. Il y avait eu encore beaucoup de morts et de blessés. Le soir, après la manifestions ; l'animal en charge des affaires intérieures passa à la radio atténua la douleur ressentie en forêt : « C'est avec consternation que j'ai appris la répression violente qui a sanctionné la marche pacifique organisée par les opposants. Au nom du gouvernement de la forêt équatoriale, je condamne cet usage de la force et j'invite la fourmi en chef à diligenter, sans retarder, une enquête sur les traitements dégradants infligés aux manifestants et à déférer les responsables devant les instances compétentes ».

Tigre rentra en forêt équatoriale pour en finir une fois pour toute avec Ours. A son arrivée, il rassembla tous les animaux et forma une dynamique. La grenouille et son ami caméléon lui rejoignirent, mais, il écarta rhinocéros à cause de sa double face. Et annonça des actions : « Mon devoir et mon vouloir ; c'est instaurer la démocratie et la bonne gouvernance que ses animaux inconscients ne veulent pas m'accorder du temps. Je proclame le combat corps à corps dès demain avec Ours, accompagné de toute son équipe. Je leur montrerai que je suis l'animal le plus dangereux de la forêt équatoriale ». Tous les animaux se mobilisèrent pour lui tenir compagnie. Ours reçoit les échos, envoya une délégation des animaux pour rencontrer tigre, afin de reprendre le dialogue, ce dernier refusa et resta égal à sa décision. « Ok ; je suis aussi carnivore, il viendra me trouver ici ; celui qui sera fort dévorera l'autre. Je ne tolérai jamais qu'aucun animal touche à mon autorité ; déclara Ours ». A six heure du matin, tigre apparait à la résidence présidentielle, toutes les fourmis stupéfaites. Se demandaient par quelle magie, il a parvenu à passer toutes les ceintures sécuritaires de la présidence. Il miaula cinq fois, ébranla toute la forêt. Les animaux s'imaginèrent du résultat qu'engendrera les accrochages de ces deux farouches ; les riches quittèrent avec leurs familles pour se réfugier en dehors de la forêt équatoriale, es courageux s'approchèrent pour vivre de prêt la scène. Ours grogna en revanche, déterminé de lui engager. La fourmi en chef lui conseilla de ne pas sortir. Elle plaça le nombre important de fourmis à la porte pour empêcher ce dernier de surprendre leur chef à l'intérieur de son abri. Il miaula encore ; les murs de la clôture se croulèrent, et tua quarante-huit fourmis et les animaux qui s'appuyèrent aux murs. Les bêtes se précipitèrent d'entrer à la résidence présidence. Les fourmis de clachèrent les tirs de dissuasion ; tout le monde s'attendit à l'alternance, ce jour-là. Vu l'intensification des actions, Ours appela zèbre au téléphone ; « A quoi bon tu es mon collaborateur ; depuis que je suis attaqué pas même ton message ». « Excellence ; ma présence devant tigre est nulle ». « Ok ;

quand il s'agit de détourner les deniers publics, tu es docteur en économie, lorsqu'il y a un retour négatif, tu deviens poltron. Ecoute-moi, rassemble les renards et les scorpions conduisit-les chez-moi, par la porte derrière » « D'accord Excellence ». Quand ils passèrent pour lui retrouver dans sa maison, les animaux crièrent sur eux ; « Rentrer chez vous, nous refusions les voleurs de nos verdures ». Ils causèrent longtemps à l'intérieur et le renard ancien qui était habitué à la médiation en forêt équatoriale sortit, pria tigre d'entrer pour dialoguer à tête reposée. « Niet ; le problème de notre forêt doit être résolu par nous-même. Vous m'avez trompé toute ma vie » « Pardon honorable, tu peux... » « tais-toi, encore un mot, je t'arrache la tête ». « Je ne suis pas ta femme pour me répondre ainsi ; si tu continues à rehausser tes épaules, j'ordonnerai ton arrestation ». « Je t'apprend que, tu n'es ni ma femme ni mon ami, mais, mon repas de ce jour ». Il le ramassa et coupa la tête. Les petits renards à la maison quittèrent sans dire au revoir à Ours. Il grogna seul à l'intérieur. « Je t'attend dehors, viens ; lui disait tigre ». A quinze heure ; Ours sortit, enclencha le combat qu'aucun animal ne put la capacité de les séparer. Tigre invoqua tous ses esprits et grata son adversaire aux yeux ; les fourmis intolérables d'avoir vu le sang de leur chef, elles le précipitèrent dans son abri, voulurent tirer tigre ; il leur dit : « Vous exterminez vos compatriotes pour défendre un animal inconscient, ne vous paie même pas, déposez vos armes, rassemblons notre force, reconstruisons la forêt équatoriale ». Ce propos rappela quelque chose aux fourmis, ce qui poussa la fourmi en chef de commander le cessez-le-feu. A dix-huit heure ; Ours déposa sa démission, proclama tigre comme président de la transition. Toute espèce d'animaux se réjouira et exalta la puissance de leur héro. « Chers compatriotes ; sceller dans vos mémoires, l'accomplissement de ce que vous voulez, s'obtienne au respect de trois mots : courage, détermination et la décision. Je vous remercie tous, pour avoir m'accompagner toute ma vie dans cette lutte ». A cinq heure du matin, Ours se réveilla au sommeil ; il toucha ses yeux, sans aucune blessure, vérifia sa clôture, intacte. Tigre se trouva toujours malade à l'étranger ; « oh là ! quel cauchemar ; cria Ours dans son canapé ».

Raconta ce rêve au renard ancien, celui-ci tourna sa langue et sa tête mille fois avant de parler ; son raisonnement poussa loin plus que celui de Ours. Il dit : « nous ne pouvons pas comprendre et analyser ce songe à la légère, mais ; nous devons les précautions à ce dernier ». « Comment ça mon ami, c'est un simple rêve » « non ! non ; les pensées du tigre t'ont été révélées, ne néglige pas. Nous sommes obligées de l'éliminer avant que ce déluge nous arrive ». « Ah bon ! ». « Oui ; c'est facile, si nous coopérons avec ses médecins, nous leurs proposerons un montant exhaustif d'argent ; il sera piqué d'une seringue toxique et nous oublierons son nom sur la terre ». « Mais, je doute encore ; tigre, embourbé par la veilleuse et les maladies, revenir dans cette forêt, engager les actions de grande envergure ; non ». « Eh ! Excellence ; ton cadavre regrettera sans cercueil en forêt équatoriale ».

Tigre, à l'hôpital où il était interné, à l'étranger, son enfant spécialiste en médecine générale, s'occupa de tous ceux qui étaient comme prélèvement des échantillons du laboratoire et injection. Aucun autre animal ne pouvait toucher le corps de son père, sans sa contre vérification. Les médicaments prescrits par d'autres médecins, son enfant achetait dans des pharmacies inconnues, en dehors de celle de l'hôpital. Alors, c'était difficile aux animaux médecins qui avait accepté l'offre d'en finir l'opération. Infligeaient de rembourser l'argent, mais, ils avaient déjà dépensé. Ours envoya chaque fois ses acolytes pour réclamer. Un des médecins les répondit : « allez, poser cette question à votre chef, il nous avait vendu quoi, sinon ; nous allons lui demander à travers les réseaux sociaux ». Avec cette question ; Ours abandonna cette démarche pour garder son honneur.

Mais, son cœur ne fut pas toujours tranquille, tout comme son ami ; ils se rencontrèrent pour de nouvelles mesures. Renard proposa de séduire léopard, l'animal fort qui était resté à côté du tigre. Il l'invita à l'occasion de son anniversaire, après avoir disperser tous les participants, maitre renard introduit son discours : « honorable ; la vie n'a pas de brouillons, les années découlent, et nous, nous approchons de la mort, votre forêt a besoin des animaux comme toi pour relever les défis. Pour ne pas abuser de ton temps ; Ours veut remanier son gouvernement, tu es le seul sous ses yeux ; le premier ministre ». « Mais, je n'estime pas que, je travaillerai mieux à côté de Ours ». « Pourquoi pas, honorable ; les ennemis d'hier, sont amis aujourd'hui, tout comme les amis d'hier, sont ennemis aujourd'hui ». « Je ne saura pas quitter tigre, mon icone ». « Eh ! un icone qui as achevé son parcours, celui qui respire à la sonde, est-ce, il sera de retour, vivant en forêt équatoriale. Trace ton chemin pour tes enfants, enlève toutes ces idées dans ta tête ». « Cela reste une équation à résoudre pour moi ». « Ecoute le secret ; profite Ours quand il a peur de toi, si tigre mourrai aujourd'hui, vous serez égal à égal, mais, lui aura l'avantage, il détient le pouvoir ». « Ok, au revoir ». « Non, attend d'abord ; il m'a donné un chèque de deux millions d'Euro pour te remettre ». « Merci beaucoup » « oh là ! un idiot de la forêt équatoriale ne peut pas résister ni au pouvoir ni à l'argent, je l'ai eu ; se réjouit renard après le départ du léopard ».

Un meeting convoqué par léopard à l'absence du tigre, sans son avis. Les animaux virent de tous les coins pour recevoir le mot de leur leader. Il ouvrit par remercier ses compatriotes qui avaient répondit à son appel, et leur dit : « Je vous annonce un nouveau départ politique de notre forêt ; vous et moi avons constaté la perpétuation de la maladie du tigre, mon père politique que je respecte beaucoup. C'est une trahison, si je garde silence. Nous ne pouvons pas abandonner la forêt dans la misère à cause d'un seul animal, et s'il mourra ; où irons-nous. C'est pourquoi, je prends le bâton de commandement pour conduire l'opposition jusqu'au pouvoir. La forêt équatoriale aura la paix de tout côté, l'éclairage s'enclenchera, les verdures se fleurirons ; chacun de nous mangera selon son niveau de ventre. Oublions tigre dans la politique, il n'a plus de force, même s'il rentrait. J'ai besoin de votre soutien, soyez calme et attendez le compte rendu de mon débat avec Ours, ce soir ».

« Ah bon ! ce type profite de l'absences du tigre pour détourner son parti, et nous demande de l'accompagner. Est-ce, il suivra à la lettre, la vision de la saveur ». « Loin de là ; lui-même est vivant, nous croyions qu'il va nous transmettre le message du tigre, il a banni son carrière ». « Oui ; ne soyons pas toujours radicaux mes amis, il a raison, tigre est malade ; est-ce, il faut arrêter à vivre, soit à poursuivre la quête de la bonne gouvernance ». « Sache mieux ; tigre demeure l'incarnation de la démocratie et la bonne gouvernance, pas un autre animal, s'il y a un, il n'est pas encore né, léopard et ses amis sont les distraits dormeurs » « attendons d'abord son échange avec ce voleur ». « Tu nous donnera raison, aucun de spécial ne sera instauré en forêt équatoriale ». Ce fut l'analyse des animaux, après le discours de léopard.

Cet évènement arriva aux oreilles de la femme du tigre, elle consigna son enfant de ne pas signaler son père, risque de couper la respiration par émotion. Elle se trompa.

Il était au courant ; la montre du léopard a été fabriqué à son laboratoire, connectée par un Wi-Fi sophistiqué. Tous ceux qu'il parlait ; tigre suivait en direct. La maman et son enfant entrèrent dans la chambre, tigre étalé sur son lit médical, il étendit sa main, posa un écouteur à l'oreille de chacun, et leur dit : « écoutez l'inconscience des animaux en forêt équatoriale ». Ces derniers se regardèrent bouches ouvertes. Il tapa les coups de main sur son lit, et dit : « Ce petit, me qualifie d'un amorti, même s'il me reste une seconde pour mourir, ces animaux vivront les scènes inoubliables ». « Eh ! non ; chéri, soit tranquille, n'aggrave plus ta maladie ».

Ours promulgua son gouvernement, confia la primature au léopard. Celui-ci débuta ses fonctions, son tribut félicita le président comme d'habitude en forêt équatoriale. Les animaux pleurèrent, et disaient : « la fin du monde est proche, léopard adopte de boulonner à côté de cette marionnette, son chef ». Il fut sourd de rumeurs et murmures des animaux, multiplia les sorties médiatiques, les rencontres avec les renards et scorpions. Les uns, les autres acceptèrent ses idées et de lui faciliter l'espace libre du travail pour voir de quoi, il était capable de changer en forêt équatoriale.

Dans son premier arrêté, annonça, et dit : « votre chef du gouvernement, étant économiste de la formation, je vous promets les emplois au maximum dans cette forêt, l'électricité sans délestage, la construction des morgues dans chaque village. Mais, pour engager tous les intellectuels, le gouvernement décide, la fermeture de toutes les écoles sans distinction et aucun animal n'a autorisation d'aller étudier à l'extérieur. Cette action, nous permettra d'embaucher, tous les anciens diplômés. L'ouverture des activités scolaires surviendra à condition que nous ayons zéro chômeur en forêt équatoriale ». « Honorable ; quel sera le sort des enseignants ». « oui ; monsieur le journaliste ; tu n'es pas sans ignoré qu'un enseignant combine trois à quatre service dans cette forêt ; nous avons les enseignants mandateurs dans des entreprises publiques, les députés et sénateurs, et cetera » « mais, tu n'as pas songé au relève de vieux animaux par les jeunes bêtes » « oui ; nous n'avons pas besoin qu'on nous relève. Aujourd'hui, tu es journaliste à la radio nationale ; est-ce, tu seras content si on te remplace par une jeune bête, nouvelle diplômée » « non » « mais, comment vous voulez toujours commuter les ministres et le président ».

Le matin, la fourmi en chef disposa ses éléments à l'entrée de chaque école, les animaux criaient, maudissaient léopard : « nous l'avons appuyé, s'imaginant qu'il changera la mode de vie, il empire d'avantage la situation. Notre forêt n'a plus d'avenir, aucune élite n'est formée, leurs enfants étudient à l'étranger, ils viendront poursuivre le dictat de leurs pères. Notre forêt condamnée aux lamentations ». Les opposants se réunirent afin de presser Ours et son ami léopard d'abolir l'arrêté ; il ordonna de tuer tout animal qui sortira pour marcher. Alors, les animaux adoptèrent d'engager les jeûnes de prier pour la restauration du tigre. Gêné de ces bruits, Ours publia l'ordonnance, stipula ce qui suit : « toutes les églises sont fermées jusqu'au nouvel ordre. Aucune rencontre des prières ne sera tolérée, même à la maison. Que tu sois chrétien, musulman, bouddhiste et autres sectes ; chacun invoquera son dieu dans son cœur. Les animaux souhaitèrent de ressusciter serpent boa ou encore lion pour les diriger au lieu de Ours sorcier.

Okapi voudra s'immoler vu la souffrance de ses compatriote, léopard autorisa son arrêt. En forêt équatoriale ; la justice est un outil d'intimidation utilisé par les dirigeants pour protéger leur puissance dictatoriale. Caméléon et son ami grenouille opposants ; Ours les considéraient légers. Rhinocéros exilé à l'étranger, la forêt équatoriale à la merci de ces deux bêtes et leurs alliés. Soixante-quinze pourcent de bêtes malnutris. Les épidémies de toute sorte, aucune intervention médicale. Les minerais et richesses naturelles, propriétés privées des renards sous couvert des scorpions. Chaque animal dans son cœur pria que l'assistance de l'ange Michael qui pouvait seul combattre le régime Ours.

Léopard travailla en harmonie sous l'autorité de Ours pendant une année, la deuxième année, le renard ancien débattit avec Ours sur l'évolution relationnelle de son gouvernement ; il prit la parole et dit : « Excellence ; petit à petit, tu perds ton autorité » « je n'ai pas compris » « oui ; ton pouvoir est partagé » « je n'aimerai jamais perdre même un millimètre de mon commandement » « mais, léopard contrôle tout et tu n'agis pas » « par exemple » « tu ne sais pas que toute la partie sud est exploité par ton premier ministre » « non ; cette proportion t'appartient » « oh ! ça fait un mois depuis qu'il a ravi » « je ne suis pas au courant » « évite la distraction, sois prudent ; ce type est capable de te renverser » « ça ne se passera pas comme ça, il me faut la rapidité » « si tu veux régner longtemps, rejette léopard ; il est déjà neutralisé, et puis, il ne sera jamais en communion avec tigre » « d'accord ».

Il convia sans retard le conseil de ministre et annonça le remaniement du gouvernement. Après six jours, il publia les promus, léopard replacé par le chameau qui était ministre de transport. Ce dernier ne dormit pas toute cette nuit-là, à huit heure, chameau à la primature pour la remise et reprise. A neuf heure, léopard trouva son successeur à la porte de son bureau, refusa d'accepter sa salutation, et lui dit : « chameau ; si tu veux continuer à vivre sur la terre, effaces-toi devant mon bureau » « c'est un édifice de l'Etat, tu as terminé ton temps, laisse-moi commencer le mieux » « poursuis ces genres de réponses, tes enfants seront orphelins en forêt équatoriale » « malgré tes grimasses, tu dois quitter le bureau, sinon ; la force étatique s'imposera » « attends, je vais te montrer que la force étatique ne rien autre que léopard ». Sauta, griffa la gorge du chameau et l'écroula par terre. Tous les animaux surplace, incapables de les départager ; ils criaillaient et demandaient pardon, aucune solution, ils recoururent chez Ours ; le président de la forêt. Avant que celui-ci n'arrive, léopard tua son collègue. Ours regarda le cadavre, secoua la tête, et dit : « si je rencontrai cette bête, je devrai la morceler ».

Léopard rentra chez lui, quitta le centre et s'installa au sud de la forêt équatoriale. De ce côté, il imposa sa loi, chassa tous les animaux fonctionnaires de l'Etat ; remplaça ses bêtes de sa volonté, cette partie devient incontrôlable. Ours apprêta ses fourmis pour lancer l'offensive, afin de la récupérer. Le renard ancien au courant de la préparation de l'attaque, voyagea vers le domaine de léopard, et lui dit : « tu es distrait des verdures, Ours compte t'attaquer à l'intervalle de cette semaine » « si Ours piétine mon quartier général, ça sera la fin du monde pour lui » « il ne viendra pas corps à corps, mais, avec les armes et toutes ses fourmis, alors, il te faut la force » « je peux infliger le recrutement, d'où me parviendra les armes » « dispose les éléments, dès demain, tu auras la cargaison des armes et munitions » « ta présence me rassure ».

Le jour où Ours voudra envoyer ses fourmis, il appela le renard ancien, et lui dit : « la fourmi en chef est prête à déclencher le combat, mais, nous avons besoin de votre hélicoptère pour la reconnaissance du terrain ». Celui-ci informa chez eux, ses chefs lui accordèrent de libérer l'avion et son équipage ; prise en charge par le budget de la forêt équatoriale. Léopard informé de toutes issues empruntés par les fourmis, il monta les embuscades partout. Ces dernières assurées par le renseignement d'aéronef, progressèrent sans inquiétude. A un kilomètre du quartier général, rencontrèrent le feu des éléments du léopard, ripostèrent aux tirs pendant une heure du temps ; la puissance du léopard s'avérée supérieure, la fourmi en chef commanda la replie. Sur la position du ralliement, elle constata la perte de deux cent trente-quatre fourmis tombé au champ de batail.

Léopard décida de poursuivre les fourmis jusqu'au centre de la forêt, afin de saisir son adversaire, corps à corps. Ours appela l'intervention de scorpions ; les mêmes scorpions appuyaient aussi léopard. Ce fut maintenant la souffrance des animaux, décédèrent en masse par les balles perdues. Les renards visibles sur terrain, apportaient les assistances alimentaires et les abris pour les déplacés de la guerre. Le niveau de la mortalité dépassé en forêt équatoriale, le renard ancien convoqua ces deux animaux à la concertation. Il les proposa le gouvernement d'union national, léopard persista, il exigea que Ours devienne son premier ministre ; « QUI ? moi devenir subalterne d'un vaut rien ». Prit la position de sauter sur léopard ; renard les départagea au milieu. Se dispersèrent à queue du poison.

Deux mois des hostilités, la girafe rédigea un bulletin d'information, s'adressa au président Ours ; reçut la lettre, commença la lecture : « Excellence ; nous saisissons en urgence votre autorité, vous prie de prendre des mesures qui s'imposent pour sauver le pouvoir en particulier, et la forêt équatoriale en général. Il s'agit d'une conspiration en gestation contre votre pouvoir, dont les Chefs d'ouvrage sont Les renards et scorpions entourer des officiers généraux et Supérieurs natifs de notre forêt, excepté certains qui sont fidèles à ton pouvoir. C'est ainsi qu'on a déjà planifié de remplacer des commandants opérationnels qui ne sont pas avec les conspirateurs. Le prétexte avancé, ses officiers ne maitrisent pas la situation opérationnelle. C'est vraiment étonnant que ce soit seulement, les Officiers scorpions et renards qui maitrisent les techniques de combat, ils sont longtemps dans cette forêt sans amélioration. Pour rendre le sud de la forêt équatoriale ingouvernable, le maintenir dans une situation d'insécurité permanente ; le renard ancien et l'autorité des scorpions ont modifié la mise en place faite par la fourmi en chef pour affecter les animaux de leur obédience. Petit à petit, mais sûrement, nous allons vers la situation de triste mémoire ; il s'agit de vous empêcher à bien gouverner, de ne pas réussir votre mandat en vue de préparer la partition de la forêt équatoriale. Vous constaterez que, la chaine de commandement opérationnel et de renseignement, à des différents niveaux des structures de la défense, est tenue, si pas par les Officiers scorpions, mais par les autres Officiers de l'obédience renard. Ils veulent transmettre la forêt équatoriale leur propriété ; dans cette démarche, utilisent un mode opératoire : la ruse, l'astuce, la corruption et l'élimination des élites par le poison et assassinat dirigé. Cette révélation à votre portée, vous permettra de disposer d'un organe d'infiltration, de recrutement des animaux au sein de toutes leurs communautés et les allogènes adhérés à leurs causes pour enfin les écraser. La rapidité sauvera notre pouvoir, sinon, la négligence aux informations amènera beaucoup à la mort et en exil ». A la fin de sa lecture, Ours considéra girafe pour un ennemi voulut le diviser de ses parrains, remettra ce bulletin au renard ancien. Il empoisonna girafe et balaya tous ses compagnons, dont leurs signatures figurèrent sur ce document.

Malgré tous cela, la guerre s'élargit entre les tributs qui obéirent à la loi de division, un conflit digne de son nom ; les hyènes qui ne s'entendaient plus avec les loups, les chats qui se battaient avec les souris, les poules avec les cancrelats, les serpents avec les crapauds, les antilopes contre les singes, et cetera. Les renards ravitaillèrent tous les animaux qui s'adhérèrent à leur vision en armes et munitions. Il profita ce désordre, rassembla pour la deuxième fois léopard et Ours, et leur dit : « comme vous ne voulez pas collaborer pour développer votre forêt, j'ai raisonné mieux de balkaniser la forêt équatoriale afin d'arrêter l'hémorragie qui jaillies jour et nuit dans la forêt ». Tout le monde à la réunion adopta l'idée et se fixa un rendez-vous pour le partage de leur forêt.

A la deuxième rencontre comme fixer, léopard répudia la partition de la forêt, vu la tristesse marquée par les animaux. Il leur dit : « avoir la grande forêt n'est pas un synonyme de la misère ; même la petite, si elle est dirigée par les inconscients, aucun changement ne sera acquis. La meilleure solution à ces conflits, que Ours démission, je prendrai le pouvoir pour amener la forêt équatoriale au développement » « tu te trompes mon cher ; éclipse cette pensée dans ta tête qu'un jour, tu auras le pouvoir, moi en vie ; répondit Ours ». Ce fut la querelle, renard ancien monopolisa la parole, et dit : « pour aujourd'hui, nous vous libérons d'aller raisonner ; surtout, trouver des solutions au guerre civile dans votre forêt ».

L'autorité des scorpions tira de gain dans ce combat, changea l'administration de la partie ouest ; à partir du gouverneur jusqu'au chef d'avenue, installa les scorpions dans toutes ces fonctions. Les animaux se demandèrent le travail de Ours à la tête de leur forêt, aucun d'eux ne put donner la meilleure réponse. La forêt équatoriale régressa au lieur d'avancer. Les bâtiments construits jadis, s'écroulèrent faute de l'entretien, l'ancien goudron remplacé par les ravins, les terrains de football transformés en parcelle des animaux rassasiés. Léopard cuit dans le coin où son quartier général était installé ; il appela le renard ancien au téléphone, lui déclara le partage de la forêt équatoriale. Il se fixa un rendez-vous pour délimiter la partie que chacun doit occuper. Les animaux affaiblis par les guerres tribales, personne ne put défendre l'intérêt souverain de leur forêt.

Lors de leur table ronde, le renard ancien prit la parole, et leur dit : « vous êtes coupable de votre propre sort, nous avons tout insisté pour vous réunir, rien n'a tenu, nous voici, aujourd'hui, diviser la forêt équatoriale en trois parties » « pourquoi trois, nous sommes à deux ici, dit léopard » « oui, honorable ; la troisième partie, n'est pas du tout une forêt, mais une gratification de ceux qui vous ont assisté » « allons-y d'abord avec la liste ; reprit Ours » « votre forêt est subdivisé comme suit : le sud-est est confié à son Excellence léopard ; président de la forêt sud. Le centre et le nord-est sera dirigé par son Excellence Ours ; président de la forêt nord. L'ouest est annexé à la forêt des scorpions. A partir de maintenant, la forêt équatoriale n'existe plus ». Chacun retourna organisa son entité. La balkanisation ne fut pas la paix pour ces animaux ; la guerre continua entre la forêt sud et la forêt nord, les bêtes de l'ouest persistèrent aux lois de l'autorité des scorpions. Alors la souffrance surpassa, tout le monde préféra d'abriter la même forêt quelle que soit l'inconscience de Ours, mais, ce fut tard.

Tigre saisit de la nouvelle, cria d'une voix forte : « non... je ne peux pas trahir la forêt équatoriale... ». Sa femme entra dans la chambre, trouva son mari debout, or, depuis qu'ils étaient à l'hôpital, il n'avait pas aucune force de se tenir debout, ne parlait même pas. Tigresse tomba en extase, et se retrouva après quinze minutes, demanda : « chéri ; comment tu as fait pour fracturer tous les appareils de réanimation, déployés sur ton corps ». Il ne répondit grand-chose, tournailla le lit comme s'il avait perdu le boucle d'oreille : « non ! non ! non » « non, non ; c'est quoi, parle », bougea ses bras : « je ne peux pas trahir la forêt équatoriale, je ne peux trahir la forêt » « calmes-toi, assieds-toi, et dis-nous ». Tigre secoua la main de sa femme : « la terre de mes ancêtres morcelés par les renards et scorpions, ton plaisir, c'est me calmer », refusa de toucher le lit, obligea sa femme de sortir et rentrer à l'ex-forêt équatoriale. Celle-ci, appela son enfant ; arriva, trouva ses parents en discussion. Réexamina son père, aucun signe de la maladie n'était pas repéré ; l'autorisa de rentrer chez-lui.

L'écho se retentit dans toutes les forêts pour le retour du tigre, Ours interdit son accueil et la diffusion de son arrivée à la radio nationale ou privée. Atterrit avec sa femme, et se dirigea à leur résidence. Il voudra sortir cette nuit-là, sa femme lui empêcha. Tous les animaux de l'ex-forêt équatoriale, impatients de le voir et l'entendre parler. Mais, tous les micros étaient fermés, aucun animal journaliste ne pouvait lui approcher, sinon, l'unique punition était la mort. Tigre se concentra une semaine dans son laboratoire avec son staff, inventa un émetteur-récepteur radio ; appelé "Perturbateur de la bande radiodiffusion". L'opérateur pourra à l'aide de ce système émettre une onde HF (haute fréquence, high frequencies) à l'aide de la source sonore de son choix. En réception, l'opérateur pourra choisir la fréquence qu'il souhaite démoduler, en effectuant les réglages nécessaires à l'aide d'une commande préprogrammée, et écouter le signale démodulé à partir d'un haut-parleur. Cette simulation a été réalisée par un logiciel, doté d'un algorithme d'unification de la bande radiodiffusion ; toutes les fréquences de l'espace ex-forêt équatoriale émettaient que la radio du tigre. Ours constata la perturbation radio, essaya toutes les fréquences, reçut que la même émission, vérifia l'information à la forêt sud de léopard, même situation. Il invita tous les agents, de l'agence nationale des fréquences ; responsable de l'élaboration et la mise à jour du tableau de répartition des bandes de fréquences, ces derniers se vidèrent d'explication ; il les tua tous. Ceux qui travaillaient au service à la forêt sud prirent fuite, avant qu'il soient élimés par léopard.

Ours ordonna l'arrestation du tigre, on l'amena à la présidence, il se tint debout, et lui dit : « toi, le vieillard, comme tu as refusé de mourir, là où tu étais, aujourd'hui ; c'est ton dernier jour ». Rentra dans chambre prit son revolver, il vint pour tirer tigre, celui-ci eut à sa main, un appareil sous forme d'un briquet, Flachat les yeux de Ours, il tomba et jeta l'arme par terre. Tigre hâta, ramassa le pistolet, les fourmis voulurent le tuer, les balles retournaient contre eux ! l'habille portée par cet animal, fut un anti balle ; appelé : retour à l'expéditeur. Le reste de fourmis jugèrent bon de libérer tigre, et s'occuper de leur chef qui était par terre. Ours pleura, demanda ses fourmis : « vous lavait achevé » « non Excellence » « mais, pourquoi, il m'a jeté le piment dans les yeux, je ne vois plus » « désolé, nous avons tenté de l'éliminer, en vain ». Le matin, Ours à l'aérodrome pour aller au soin de ses yeux à l'étranger ; l'avion décolla, à moins de six minutes, crash, l'aéronef retourna au sol, Ours calciné. Oh là ! quelle joie aux animaux de cette contrée ; chantèrent les quantiques d'allégresse, se rassemblèrent à la résidence du tigre pour lui imposer la présidence de la forêt sud. Il leur dit : « je serai président quand la forêt équatoriale sera unifiée. A partir d'aujourd'hui, je demande à tous les animaux de se soulever, tuer tous les renards et scorpions qui se trouvent dans notre forêt. Ne cédez pas à aucun discours ni manipulation. Si les renards se décideront de nous exterminer par leur arme atomique, ça sera pour nous la joie de rejoindre le bon Dieu au ciel, au lieu de souffrir sur la terre ». L'opération zéro renard débuta, ceux qui étaient distraits moururent et les autres se précipitèrent au sud et ouest.

Tigre voyagea vers le sud, surprit léopard dans sa résidence, celui-ci s'agenouilla et demanda pardon : « père veuillez me pardonner, j'ai été dérouté par les renards » « il faut dévoiler les renards qui sont cachés chez-vous, sinon... » « oui ! oui ; mon père ; dans la chambre de visiteurs » ouvrit la porte ; cinquante renard et cent vingt scorpions, tigre regarda, voici le renard ancien : « ah ! le maitre de division, j'avais besoin de toi », introduit la main dans sa poche, leur montra une boule ; posa la question : « connaissez-vous ça » « oui ; c'est une grenade ; répondit les renards » « qui sont fabricants et vendeurs » « c'est nous » « d'accord, nous vous demandons de nous installer les industries, vous nous amenez les armes, pour nous entretuer, vous volez nos richesses, et vous nous insulter de l'économie extravertie. Sentez les effets de vos marchandises maintenant » « pardon ; ne nous tue pas, on va s'arranger… ». Tigre découpa sa sécurité, la jeta dans la chambre et sauta dehors, suivit de multitude d'animaux derrière. Les scorpions qui, occupèrent la partie ouest, effrayés de la puissance du tigre, abandonnèrent à volonté. Tigre retourna le centre de la forêt, s'autoproclama le président de la forêt équatoriale à quatre-vingt-cinq ans, prononça son discours : « fini la division, fini la justice de deux poids deux mesures. Il est temps de restaurer la démocratie et la bonne gouvernance dans notre forêt. Revêtez-vous d'une bonne conscience pour voir les choses changer en forêt équatoriale. Dans une semaine, vous saurez les membres du gouvernement ». L'excès d'émotion, personne n'écouta plus, coupa le discours au milieu. A dix-sept heure, il se reposa. Quatre heure du matin, sa parcelle plein d'animaux pour l'amener au palais de la nation. A cinq heure, entra à la douche, sa femme et toute la famille l'attendaient au salon. L'esprit apparut dans la douche, lui ôta la vie. Une heure du temps pour le bain, tout le monde réclama, sa femme alla voir ce qui ne marcha pas avec son chéri ; trouva tigre, étalé sur le sol. Approcha, le toucha ; il ne respira plus, cria : « mon mari est mort… ». Sonna aux oreilles des animaux comme tonnerre, silence ! lança le cri pour la deuxième fois ; ils se précipitèrent d'entrer, rien ne pourrait remettre le souffle de vie. Et, se posa une question ; Qui, succédera tigre ? entretemps la forêt équatoriale fut sans gouvernement, ni président. Chaque bête, maitre de lui-même, sans inquiétude ; les animaux considérèrent cette divagation : « La démocratie ».

Printed by Books on Demand GmbH, Norderstedt / Germany